一看就懂的法律知识

百姓身边的法律小故事

广东捷高律师事务所 组织编写

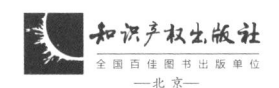

知识产权出版社
全国百佳图书出版单位
——北京——

图书在版编目（CIP）数据

百姓身边的法律小故事/广东捷高律师事务所组织编写.—北京：知识产权出版社，2024.11
ISBN 978-7-5130-9302-6

Ⅰ.①百… Ⅱ.①广… Ⅲ.①法律—中国—普及读物 Ⅳ.①D920.5

中国国家版本馆CIP数据核字（2024）第033080号

内容简介

生动幽默的文字，可爱有料的漫画，轻松有趣的小故事，只为带领读者走进法律的世界，轻松掌握法律小知识。

责任编辑：吴 烁　　　　　　　责任印制：刘译文

百姓身边的法律小故事
BAIXING SHENBIAN DE FALÜ XIAOGUSHI

广东捷高律师事务所　组织编写

出版发行：	知识产权出版社有限责任公司	网　　址：	http://www.ipph.cn
电　　话：	010-82004826		http://www.laichushu.com
社　　址：	北京市海淀区气象路50号院	邮　　编：	100081
责编电话：	010-82000860转8768	责编邮箱：	laichushu@cnipr.com
发行电话：	010-82000860转8101	发行传真：	010-82000893
印　　刷：	天津嘉恒印务有限公司	经　　销：	新华书店、各大网上书店及相关专业书店
开　　本：	787mm×1092mm　1/16	印　　张：	7.75
版　　次：	2024年11月第1版	印　　次：	2024年11月第1次印刷
字　　数：	130千字	定　　价：	68.00元
ISBN 978-7-5130-9302-6			

出版权专有　侵权必究
如有印装质量问题，本社负责调换。

编委会

林瑞文　谭　平　胡婷婷

前言
PREFACE

  2020年,《中华人民共和国民法典》(以下简称《民法典》) 颁布。为了宣传《民法典》,我们以百姓熟悉的西游人物为主角,以发生在百姓身边的真实案(事)件为题材进行创作,用轻松幽默的语言讲述出一个个法律故事,努力让读者在读故事的同时了解相应的《民法典》知识。

  2021年,在《民法典》颁布一周年之际,我们把这些民法小故事汇编成册,出版了《百姓身边的民法典科普书》。身边的非法律人士朋友阅读后,纷纷表示该书用通俗易懂的语言讲解了专业的法律知识,可以打五星好评。这让我们大受鼓舞,于是就有了这本《百姓身边的法律小故事》。

  在《百姓身边的民法典科普书》中,孙悟空等三师兄弟开办了公司、白龙马成了"房二代"、红孩儿到处闯祸。本书继续以孙悟空、白龙马、红孩儿等西游人物为主角,玉帝作为天庭的审判人员,用中国的法律法规解决西游世界发生的种种法律问题。西游人物以身为鉴,成了我们的普法员。本书除了继续讲述民法小故事外,还增加了公司法类、刑法类的法律小故事,更加丰富了普法的法律类别,希望广大读者能从中有所受益、有所启发。

  由于本书作者水平有限,难免存在不足之处,敬请读者批评指正。

目　录

01. 微信公众号可以作为股东的出资形式吗? ………………………… 001
02. 代持股权的风险 …………………………………………………… 005
03. 公司要求员工入股，是投资还是借款? …………………………… 009
04. 如何认定股东存在"怠于履行公司清算"的行为? ……………… 012
05. 公司陷入僵局，股东怎么办? ……………………………………… 016
06. 股东退股后，还可以对公司行使知情权吗? ……………………… 020
07. 房屋租赁合同无效，租户的装修装饰物应如何处理? …………… 024
08. 房价上涨那么多，我不卖了，解除买卖合同吧! ………………… 028
09. 公章随意用，后果很严重 ………………………………………… 032
10. 定金和订金傻傻分不清 …………………………………………… 035
11. 离婚协议约定的违约金有效吗? …………………………………… 038
12. 借款遇到"砍头息"，利息很高怎么办? ………………………… 042
13. 合同条款有争议时该怎么办? ……………………………………… 046
14. 恋爱期间的转账往来，可以要回来吗? …………………………… 050

15. "借名买房"要谨慎 …………………………………… 054

16. "借名买房"要谨慎（续篇） …………………………… 058

17. 游戏陪练当然是要付费的 ……………………………… 061

18. 合同约定的违约金太高了，可以调低吗? ……………… 064

19. 官司输了，可以反告律师要求退还律师费吗? ………… 068

20. 就算相撞的两辆车都是我的，保险公司也不能拒绝理赔! …… 072

21. 破坏军人婚姻可是要被判刑的! ………………………… 075

22. 居然把我的车给骗走，你这是在犯罪啊! ……………… 078

23. 反击他人的行为是否构成正当防卫? …………………… 082

24. 一不小心就会触犯刑事诈骗的"一房二卖" …………… 085

25. 拒不履行生效裁判文书要承担刑事责任 ………………… 089

26. 非法入侵他人住宅还要安装摄像头? 你这是想被判刑吧! …… 092

27. 组建微信群抢红包竟有可能构成开设赌场罪! ………… 096

28. 强买强卖居然要坐牢! …………………………………… 100

29. 出借"微信收款码"，怎就成了"帮凶"? …………… 104

30. 在网络上造谣传谣有可能构成"网络型"寻衅滋事罪 …… 109

31. 调包网购货物的行为应当如何定性? …………………… 113

01. 微信公众号可以作为股东的出资形式吗？

唐僧注册的"一周一佛经"微信公众号因发布的佛经和佛经解读内容质量非常高，受到广大信众的交口称赞，涨粉 50 多万。因此，微信公众号"一周一佛经"的价值十分可观。

唐僧为了友好解决与猪八戒的金钱纠纷，建议在 2021 年年底以"一周一佛经"微信公众号入股猪八戒的掌上明猪公司，并占股 25%。猪八戒认为此方案可使双方共赢，同意了唐僧的上述建议。双方达成口头协议后没有签订书面协议。

2022 年 2 月，唐僧仍然没有将该微信公众号交付掌上明猪公司使用。为此，猪八戒一纸诉至天庭，要求唐僧继续履行约定。

经玉帝查明，掌上明猪公司的工商登记资料等信息均未显示唐僧系股东，公司亦未向唐僧签发出资证明书等表明其为股东的书面材料，从外观上并未显示唐僧的出资额及占股比例。另，唐僧只拥有微信公众号"一周一佛经"的使用权，并无所有权，故唐僧不能以该微信公众号对公司进行出资。因此，玉帝驳回了猪八戒的诉讼请求。

捷高律师有话说

一、为什么微信公众号不能作为股东的出资形式？

1. 微信公众号不具有可估价性

《中华人民共和国公司法》（以下简称《公司法》）第48条规定："股东可以用货币出资，也可以用实物、知识产权、土地使用权、股权、债权等可以用货币估价并可以依法转让的非货币财产作价出资；但是，法律、行政法规规定不得作为出资的财产除外。对作为出资的非货币财产应当评估作价，核实财产，不得高估或者低估作价。法律、行政法规对评估作价有规定的，从其规定。"股东以非货币财产出资的，该非货币财产应当评估作价。虽然微信公众号属于非货币财产，可以为使用者带来经济收益，但该经济收益受粉丝关注度、广告收入等影响，具有不稳定性，相关鉴定机构很难对微信公众号的价值作出评估。因此，微信公众号不符合上述法律规定的可估价性。

2. 微信公众号不能办理所有权转移手续

《公司法》第49条规定："股东应当按期足额缴纳公司章程中规定的各自所认缴的出资额。股东以货币出资的，应当将货币出资足额存入有限责任公司在银行开设的账户；以非货币财产出资的，应当依法办理其财产权的转移手续。股东未按期足额缴纳出资的，除应当向公司足额缴纳外，还应当对给公司造成的损失承担赔偿责任。"腾讯公司在微信公众平台发布的《微信公众平台服务协议》第7条第1款规定："微信公众号的所有权归腾讯公司所有，用户完成申请注册手续后，获得微信公众号的使用权，该使用权仅属于初始申请注册主体。若进行微信公众平台认证时，该公众账号在账号资质审核阶段提交的用户信息与初始申请注册主体不一致的，账号资质审核成功之后使用权属于通过资质审核的用户。账号使用权禁止赠与、借用、租用、转让和售卖。"由此可知，用户在微信公众平台上注册公众号后，只能获得微信公众号的使用权，所有权仍归腾讯公司所有，且该使用权是禁止赠与、借用、租用、转让和售卖的。

3. 微信公众号的使用权无法完全转移

虽然微信公众号可以进行迁移，如将原微信公众号的粉丝、违规记录、文章素材（可选）、微信号迁移到新微信公众号中，但并不能变更初始注册主体。如果初始注册主体与入股公司发生纠纷，初始注册主体可以通过向腾讯公司申诉等方式将账号取回，故微信公众号的使用权无法完全转移给公司，入股公司也无法真正取得对公众号的独占使用和排他性权利。

综上所述，由于无法对微信公众号作出准确的价值评估，且微信公众号的使用权也无法完全转移给入股公司，故微信公众号不能作为股东的出资形式。

二、怎么利用微信公众号进行投资？

微信公众号的运营模式是通过发表文章、带货及发布广告等方式获得财产性收益，因此微信公众号的运营者与收益来源方、腾讯公司之间便形成了合同之债，即微信公众号的运营者拥有微信公众号的债权收益权。

《中华人民共和国民法典》（以下简称《民法典》）第 545 条规定："债权人可以将债权的全部或者部分转让给第三人，但是有下列情形之一的除外：（一）根据债权性质不得转让；（二）按照当事人约定不得转让；（三）依照法律规定不得转让。当事人约定非金钱债权不得转让的，不得对抗善意第三人。当事人约定金钱债权不得转让的，不得对抗第三人。"微信公众号注册主体所拥有的债权收益权属于债权范畴，且该债权根据性质和法律规定并不属于不得转让范畴，只要该债权当事人并未约定不得转让即可进行转让。因此，入股公司在与微信公众号注册主体合作时可引入"对赌条款"，即当微信公众号的年度盈利低于或高于某一双方约定的金额时，入股公司可对运营者的持股比例进行相应调整。

前事不忘 后事之师

近年来，随着移动互联网的应用与普及，许多创业者将运营微信公众号作为获取经济收益的首选。那些粉丝数和阅读量排名靠前的微信公众号亦获得了投资人的青睐，投资人纷纷向这些运营者抛出橄榄枝，希望可以实现合作共赢。但由于该合作模式尚无详细的法律法规予以规范，因此，双方在协商合作时应当进行法律风险评估，并订立条款详尽的合同以降低风险。

裁判文书链接

（2018）豫 0782 民初 5450 号

（2019）豫 07 民终 3460 号

（撰稿：胡婷婷）

02. 代持股权的风险

猪八戒为生意周转资金向天庭银行借了 800 万元，约定两年内连本带息清偿完毕，但猪八戒没有依约还款。天庭银行向天庭提起了诉讼并胜诉了，但由于猪八戒无力履行判决内容，天庭银行向天庭执法队申请了强制执行。

天庭执法队经过查探，发现猪八戒拥有龙宫地产 20% 的股权。天庭执法队马上冻结了猪八戒在龙宫地产的股权，并通知龙宫地产协助从猪八戒应得的分红中支付 1000 万元到天庭执法队。同时，天庭执法队将该消息告知了天庭银行。

隔天，沙僧向天庭执法队提出了执行异议，表示当年为了顺利成立公司，沙僧请猪八戒代持龙宫地产的股份，将自己的 20% 股份全部登记在猪八戒名

下。所以，猪八戒持有的20%的龙宫地产股份实际上是沙僧的。故沙僧向天官执法队提出了执行异议，要求解封股权，不能对他的分红权采取执行措施。

天庭银行认为自己是善意商事交易第三方，沙僧与猪八戒之间的代持协议没有公开，对天庭银行不应产生约束力。天庭银行进一步认为，现龙宫地产的股权登记在猪八戒名下，那么相应的财产权即归猪八戒所有，基于该权利外观，天庭银行是有信赖利益的，当然有权要求执行猪八戒持有的龙宫地产的股权及相关权益。

天庭银行和沙僧吵得不可开交，天庭执法队向玉帝禀告此事，并请玉帝裁夺。玉帝最终认为，天庭银行理由正当，驳回了沙僧的执行异议。

捷高律师有话说

一、什么是代持？代持是什么性质的法律关系？

代持，通俗地说，就是代为持有。

代持，实际上是一种债权债务关系。根据《最高人民法院关于适用〈中华人民共和国公司法〉若干问题的规定（三）（2020修正）》第24条的规定，我国法律是认可代持股权的。当有限责任公司的实际出资人与名义出资人因投资权益的归属发生争议时，可向人民法院提出相应的确认之诉。

二、代持股权会产生什么法律风险？

对于名义出资人而言，要对公司债务不能清偿的部分在未出资本息范围内承担补充赔偿的责任。对于实际出资人而言，名义出资人擅自处分股权造成实际出资人损失的，实际出资人只能向名义出资人追偿而不能向善意第三人主张撤销权。另外，实际出资人未经公司其他股东半数以上同意，请求公司变更股东、签发出资证明书、记载于股东名册、记载于公司章程并办理公司登记机关登记的，无法得到法院支持。

三、什么是信赖利益？

根据商事法律的外观主义原则，交易行为的效果以交易当事人行为的外观为准，即使外在的显示与内在的事实不一致，商事主体仍须受此外观显示的拘束，外观的显示优先于内在的事实。法定事项一经登记，即产生公信力，登记事项被推定为真实、准确、有效，善意第三人基于对登记的信赖而实施的行为，受到法律保护，即使登记事项不真实、与善意第三人的信赖不符，善意第三人也可以依照登记簿的记载主张权利。只要善意第三人的信赖合理，善意第三人的信赖利益就应当受到法律的优先保护。也就是说，名义出资人因自身债务导致实际出资人的股东权益受损的，实际出资人不能以自己才是真正权利人为由对抗善意第三人。

从风险和利益一致性的角度来看，实际出资人选择隐名是有其商业利益考虑的，既然通过代持关系获得了某种利益，甚至是在显名情况下不能或者无法获得的利益，那么实际出资人就必须承担因为此种代持关系所带来的固有风险，承担因此可能出现的不利后果。因此，由实际出资人承担因选择代持关系出现的风险和不利后果，更为公平合理。

四、因为代持股权而承担了不该承担的损失，怎么办？

名义股东擅自处分股权造成实际出资人损失，实际出资人可以向名义股东追偿。名义股东对公司债务不能清偿的部分在未出资本息范围内承担了补充赔偿责任后，可以向实际出资人追偿。

前事不忘　后事之师

代持股权是现代商事行为中越来越常见的一种法律手段，需要注意的是，被代持人获得的是合同相关法规的保护，而不能是获得《公司法》的保护。因此，代持人与被代持人在签订代持协议前应当全面审慎地审查对方的经济能力、履约能力、信用等信息；在代持过程中，亦应及时关注对方的履约能力及不适当行为，以避免发生不必要的损失。

裁判文书链接

（2016）最高法民再360号

（撰稿：谭平）

03. 公司要求员工入股，是投资还是借款？

鲤鱼精在白骨精的纤体公司工作。某天，白骨精邀请鲤鱼精入股公司；鲤鱼精欣然同意，并与纤体公司签订《合伙投资协议》。

协议签订后不久，白骨精欲将纤体公司转让给嫦娥仙子，鲤鱼精对此感到十分气愤。鲤鱼精认为公司转让应当由股东审议并同意，但白骨精单方面就决定了公司转让，其当初让自己入股其实就是为了集资，具有欺诈的嫌疑。另外，鲤里精称白骨精从未对自己进行分红。白骨精却称，鲤鱼精是自愿入股的，目的是获得公司分红，而公司每个月向鲤鱼精发放的工资中已包含了分红款，所以鲤鱼精已经是公司的隐名股东。双方争执不下，鲤鱼精只能向天庭提起诉讼要求白骨精返还投资款。

玉帝经审理认为，虽然双方签有《合伙投资协议》，但鲤鱼精实际上并没有参与公司经营，公司亦没有将鲤鱼精的名字记入股东名册、出具出资凭证及进行分红。因此，应认定双方名义上为投资关系，但实际是借贷关系。

捷高律师有话说

实践中不乏公司因为资金短缺而要求员工"入股投资"的情形,但实质上,这到底是投资入股还是借贷关系,需要具体情况具体分析。

一、什么是借款合同?

借款合同又称借贷合同,即借款人向出借人借款,到期返还借款并支付利息的合同。

二、什么是投资合同?

在投资活动中,投资人通过投资一定数额的款项获得被投方企业的公司股权或合伙份额,以期获得一定的收益分成。为了明确投资方和被投方的权利义务,双方会签订书面的投资协议书,就投资价格、付款、投资方的特殊权利、被投方的经营管理等各方面内容进行约定。

三、投资和借款有何区别?

借款纠纷属于债权债务纠纷,借款人到期按合同约定需要偿还本金和利息(如有利息约定),而无须承担经营的风险;出借人按合同约定到期后有权收回本金和利息(如有利息约定)。投资合同是投资者通过投资活动取得相应企业的股份、股权、财产份额或者其他类似权益的合同。投资入股属于经营活动,要承担一定的经营风险,且投资人无权随意要求撤回投资。

二者有以下三点不同。①定义不同:投资,指国家或企业以及个人为了特定目的,与对方签订协议,促进社会发展,实现互惠互利,输送资金的过程;借款指企业(自然人)向银行等金融机构、其他单位及自然人借入资金的过程。②资金流向不同：投资是资金流出，借款是资金流入。③形式不同：借款分为长期借款和短期借款，投资可分为实物投资、资本投资和证券投资等。

四、如需要进行投资，应注意什么？

除了要与公司及时签订投资合同之外，还应当向公司索要股东名册和出资凭证，并且向公司要求参与经营、拿分红，同时在登记机关登记相关股东事项。《公司法》第56条规定："有限责任公司应当置备股东名册，记载下列事项：（一）股东的姓名或者名称及住所；（二）股东认缴和实缴的出资额、出资方式和出资日期；（三）出资证明书编号；（四）取得和丧失股东资格的日期。记载于股东名册的股东，可以依股东名册主张行使股东权利。"

前事不忘　后事之师

本案中，鲤鱼精向公司投资时既没有及时向公司索要股东名册，也没有要求公司向登记机关登记自己的名字，对投资一事没有尽到谨慎注意义务，险些导致自身权益受损，所幸审判机关最终能够查明真相，认定鲤鱼精与纤体公司之间为借款合同，这才使鲤鱼精免受损失。

因此，在现实生活中，如果确认要入股公司，必须要求公司及时前往工商登记机关办理相关的股权登记手续；如果不打算入股，最好与公司签订借款协议，明确自己出资的性质；一旦发现自身权益受损，应及时通过法律途径解决。

裁判文书链接

（2021）京02民终2260号

（撰稿：黄怡靖）

04. 如何认定股东存在"怠于履行公司清算"的行为？

十年前东海老龙王名下有一家海洋有限责任公司（以下简称"海洋公司"）被裁定终结破产程序。近日，牛魔王向天庭提起诉讼，称东海老龙王身为海洋公司的股东，怠于履行公司清算义务，导致海洋公司无法进行清算，造成其债权无法实现，因此要求东海老龙王对海洋公司债务承担连带清偿责任。

东海老龙王表示当初并非自己怠于履行公司清算义务，而是海洋公司的财务资料丢失，且公司无力支付破产清算费用，客观上无法进行破产清算才被裁定终结破产程序。

玉帝听取双方的陈述后，调取海洋公司相关诉讼档案并查明，由于十年前海洋公司与天庭某公司存在合同纠纷，在天庭资产监督管理委员会的共同见证下，将海洋公司相关资料封存。而同年，由于天庭资产监督管理委员会经办人员、档案管理人员变更调整及多次搬办公室等情况，海洋公司财务资料下落不明，并非海洋公司及东海老龙王的原因。因此，玉帝遂判决驳回牛魔王的诉讼请求。

捷高律师有话说

一、有限责任公司的清算义务人是谁？

清算义务人根据企业性质不同而不同，本案中海洋公司属于有限责任公司，清算组应由股东组成，即有限责任公司的全体股东都属于清算义务人。

二、有限责任公司清算义务人应承担哪些责任？

《最高人民法院关于适用〈中华人民共和国公司法〉若干问题的规定（二）》第18条第1款规定："有限责任公司的股东、股份有限公司的董事和控股股东未在法定期限内成立清算组开始清算，导致公司财产贬值、流失、毁损或者灭失，债权人主张其在造成损失范围内对公司债务承担赔偿责任的，人民法院应依法予以支持。"由此可见，有限责任公司的股东对于公司清算负有责任。如果本案中海洋公司无法进行清算的原因是东海老龙王做"甩手掌柜"不管公司破产清算的事，进而导致海洋公司无法进行破产清算，那么东海老龙王应当就该行为向牛魔王承担赔偿责任。

《最高人民法院关于适用〈中华人民共和国公司法〉若干问题的规定（二）》第18条第2款之规定："有限责任公司的股东、股份有限公司的董事和控股股东因怠于履行义务，导致公司主要财产、账册、重要文件等灭失，无法进行清算，债权人主张其对公司债务承担连带清偿责任的，人民法院应依法予以支持。"由此可见，公司的清算义务人不及时成立清算组，或者怠于履行义务，导致公司主要财产、账册、重要文件等灭失，无法进行清算的，应当对债权人就公司债务承担赔偿责任或者连带清偿责任。

三、股东怠于履行清算责任的构成要件

《全国法院民商事审判工作会议纪要》第14条、第15条中明确了股东因怠于履行清算义务从而侵害债权人权利时应承担连带清偿责任的构成要件包括行为、过错、损害事实和因果关系，四要件缺一不可。

四、本案中为何判决东海老龙王不用承担责任？

本案中，海洋公司财务资料丢失并非由东海老龙王造成，其对此不存在故意或过失，财务资料的丢失与东海老龙王没有因果关系，因此不属于"股东因怠于履行义务，导致公司无法清算"的情形。

五、牛魔王作为债权人应当如何救济？

《中华人民共和国企业破产法》第7条第2款规定："债务人不能清偿到期债务，债权人可以向人民法院提出对债务人进行重整或者破产清算的申请。"由此可知，债权人实现债权并非仅有提起股东损害债权人利益责任纠纷之诉一种方式，也可以根据企业的实际情况提出对债务人进行重整或破产清算的申请。在司法实践中，有很多知名企业进行重整后获得新生、债权人实现债权的双赢案例，值得我们借鉴、学习。

前事不忘 后事之师

从公司成立至公司注销整个过程中，公司股东在公司不同阶段要承担不同义务。而在实践中，往往有许多人对设立公司一事并不了解，认为认缴了出资且自己并未参与实际经营，就可以对公司不管不顾。但实际上只要公司成立后，就会产生各种不同的法律关系，如税收、工商年检等；如果被他人盗用公司名义进行民事行为的，亦会产生一系列民事诉讼，将公司、股东牵入其中。因此，设立公司并非儿戏，应当谨慎为之。

裁判文书链接

(2019) 京 0108 民初 6456 号

（2020）京 01 民终 1404 号

（撰稿：黄洁梅）

05. 公司陷入僵局，股东怎么办？

约在半年前，猪八戒为了其名下的如意茶庄能够扩大发展，便邀请了孙悟空、沙僧加入公司。其中，孙悟空持股48.5%，猪八戒持股50.5%，沙僧持股1%。但由于孙悟空与猪八戒性格差异太大，如意茶庄不出半年的时间就已经无法形成有效的股东会决议，导致公司无法正常经营。

于是，孙悟空便以公司已经陷入僵局、经营管理发生严重困难、继续存续会使其利益受到重大损失为由，向天庭申请解散公司。然而猪八戒却不同意解散公司，称公司经营管理正常，每月均有收入，不能因为股东意见不合而解散公司。

玉帝经审理后认为，诉请解散公司的核心要件是评判被诉公司经营管理是否发生严重困难。本案中，孙悟空与猪八戒均为"如意茶庄"的股东，但由于二人性格不合，对公司的决策长期无法达成一致共识，公司长期不能形成有效的股东会决议，内部管理障碍严重，已经陷入僵局；而三名股东又不愿意收购对方的股权，亦无法寻找第三人收购，故公司已构成"通过其他途径不能解决公司经营管理发生严重困难"的情形，符合解散公司的情况，遂支持了孙悟空的诉讼请求。

捷高律师有话说

一、什么是"公司僵局"？

"公司僵局"是指公司在存续期间，由于股东、董事之间矛盾激化而处于僵持状况，导致股东会、董事会无法按照法定程序作出决策，形成有效的决议，从而使公司陷入无法正常运转甚至瘫痪的状况。

就如本案中，如意茶庄的股东为猪八戒、孙悟空和沙僧三人，但由于猪八戒与孙悟空二人经常闹矛盾，无法对公司的经营作出决策、形成有效的决议，公司经营管理发生严重困难。此种情况就是我们俗称的"公司僵局"。

二、评判"公司经营管理是否发生严重困难"的核心要件是什么？

要认定"公司经营管理是否发生严重困难"，应从公司的"人合性"角度分析公司治理机构的运行状态。如果公司股东会、董事会运转失灵或结构性瘫痪，难以形成有效决议，公司内部管理障碍严重，已经陷入僵局等，那么可认定公司经营管理发生严重困难的条件成就。

三、公司陷入上述情况，股东应该怎么办？

《公司法》第 231 条规定："公司经营管理发生严重困难，继续存续会使股东利益受到重大损失，通过其他途径不能解决的，持有公司百分之十以上表决权的股东，可以请求人民法院解散公司。"本案中，猪八戒与孙悟空之间的矛盾经沙僧多次介入调停均得不到解决，而猪八戒等人又不愿意互相收购对方的股权，亦无法寻找第三人收购，故使公司出现了经营困难，且通过其他途径不能解决。因此，持有公司 48.5% 股权的孙悟空可以请求人民法院解散公司。

四、是不是所有股东均有权诉请解散公司？

答案是否定的。根据上述法律条文可知，股东需要持有公司全部股东表决权 10% 以上才符合诉请解散公司的主体资格。

《最高人民法院关于适用〈中华人民共和国公司法〉若干问题的规定（二）》第 1 条第 1 款对"公司全部股东表决权百分之十以上"的规定进行了细化，该条文规定"单独或者合计持有公司全部股东表决权百分之十以上的股东"在满足一定事由时可以提起解散公司诉讼。据此，诉请解散股东的主体并不要求股东一人持有表决权 10% 以上，可以是多个股东的表决权合计为 10% 以上。

前事不忘　后事之师

通过诉讼解散公司是解决公司僵局的一项重要法律制度，是决定公司"生死"的一项重要程序。因此，在司法实践中不仅要考虑公司的经营情况，亦要考虑股东之间对立的问题，不能仅凭公司仍有营业或收入等因素，而忽略股东之间因矛盾而产生公司决策机制长期失灵、内部管理混乱等事实。

📖 裁判文书链接

（2018）赣 07 民初 15 号

（2019）赣民终 738 号

（撰稿：谭国炽）

06. 股东退股后，还可以对公司行使知情权吗？

猪八戒因个人资金周转问题，将流沙河房地产公司的30%股份转让给了白龙马。

某天，猪八戒突然想起在其持股期间，流沙河房地产公司没有依照章程及法律规定召开股东会，向其通报公司的经营状况、财务、法人治理等情况。另外，猪八戒查证得知，流沙河房地产公司在其转让股份前曾将一块商业用地转移给了其他公司开发，还曾转出资金给其他公司使用未如实做账，这导致猪八戒的股权价值评估过低，使其持股期间的合法权益受到严重损害。

于是，猪八戒向流沙河房地产公司要求行使持股期间股东知情权，但流沙河房地产公司表示，对于上述公司资产的处理，公司已依照法定程序进行，并

未隐瞒，而且猪八戒已经不是公司股东，无权行使股东知情权。双方对此无法达成一致，猪八戒只能诉诸天庭。

玉帝审理后认为，虽然猪八戒现在已经不是流沙河房地产公司的股东，但如果猪八戒有证据证明其持股期间合法权益受到损害，可以请求依法查阅或复制其持股期间的公司特定文件材料，但该权益不包括经营管理等正常公司行为。虽然猪八戒提供了审计报告、银行日记账等证据，但玉帝查明，流沙河房地产公司是将名下的商业用地转移登记在全资子公司名下，且审计报告已将子公司纳入合并财产报表，并不存在账外资产；而资金转给其他公司是属于公司的正常经营行为，公司从中获取经营收入，也承担相应风险。猪八戒据此认为持股期间合法权益受损，无事实及法律依据。因此，玉帝驳回了猪八戒的诉讼请求。

捷高律师有话说

一、什么是股东知情权？

股东知情权是指公司股东了解和掌握公司经营管理等重要信息的权利，是股东依法获得资产收入、参与重大决策和选择管理者等权利的重要基础，与股东身份不可分离。具体来说，可以分为财务会计报告查阅权、账簿查阅权和检查人选任请求权。

上述三项权利的内容虽然各异，但中心思想是股东对公司事务知晓的权利，目的是能使股东获得充分的信息。股东知情权的行使，不仅直接涉及股东自身权益的实现，而且与公司管理是否规范化紧密相连。

二、退股股东是否仍享有股东知情权？

《最高人民法院关于适用〈中华人民共和国公司法〉若干问题的规定（四）》第7条第2款规定："公司有证据证明前款规定的原告在起诉时不具有公司股东资格的，人民法院应当驳回起诉，但原告有初步证据证明在持股期间其合法权益受到损害，请求依法查阅或者复制其持股期间的公司特定文件材料的除外。"知情权是股东的一项重要权利，是股东行使其他权利的基础，尤其对保护中小股东的权利具有重要意义。因此，法律明确规定，退股股东在退股后，如有证据证明其持股期间的合法权益受到损害的，仍享有知情权。

本案中，猪八戒虽然已经退股，但由于其认为流沙河房地产公司在其持股期间将土地、资金擅自提供给其他公司使用，未如实做账，提供虚假财务资料进行审计，导致其股权价值评估过低，损害其合法权益，应当赋予猪八戒行使知情权的主体资格，猪八戒有权提起股东知情权诉讼，故不能以其不具备股东身份而驳回起诉。

三、持股期间合法权益受损该如何认定？

股东在持股期间的合法权益包括依法享有资产收益、参与重大决策和选择管理者等权利。参与重大决策权和选择管理者权主要体现在以下两个方面。

公司会议方面。股东通过参与股东会会议行使决策权，是股东的一项重要权利。股东参加股东会会议、提出或建议会议的议案、参加会议审议及就决议事项进行表决，既是股东行使公司事务参与权的主要方式，也是股东了解公司事务包括财务状况的重要途径，更是股东会会议制度的重要目的所在。如果股东无法定期参与会议，将失去了解公司重要信息的机会。

公司信息方面。我国法律规定股东有权了解公司信息，以及公司有义务向股东报告公司信息。公司依法编制的财务会计报告在依法进行审计后，应及时向股东送交，以便股东能及时掌握与自身利益密切相关的公司财务信息、参与决策管理。决策权属于不可逆转的权益，如股东错过则无法通过补救从而恢复原状。

四、合法权益受损初步证明责任的理解

《最高人民法院关于适用〈中华人民共和国公司法〉若干问题的规定（四）》第7条第2款规定的"初步"证据，指的是退股股东无须对合法权益受损进行充分证明，而仅需证明存在合法权益受损或存在重大风险的可能性。

就如本案一样，猪八戒只需要提供审计报告、银行日记账等材料证明有合法权益受损的可能性即可。如果要求股东对该事实进行充分举证证明才能赋予其诉讼主体资格，则对退股股东过于苛刻。

前事不忘　后事之师

退股股东离开公司后，在获取公司信息上处于弱势地位，其如发现在持股期间权益受损，欲查询公司特定资料进一步维护自身权益将很难获得公司同意。因此，法律规定退股股东只要能提供初步证据即可拥有诉讼主体资格。但是，其诉求是否得到支持，则还需要具体的证据来加以证明。

裁判文书链接

（2019）赣0902民初986号
（2020）赣09民终886号

（撰稿：黄艾琳）

07. 房屋租赁合同无效，租户的装修装饰物应如何处理？

近日，白龙马决定开办一家小白龙人才培训学校。为此，白龙马与蛟魔王签订《房屋租赁合同》，约定白龙马承租蛟魔王的房屋用于开办学校。另外，二人还口头约定蛟魔王应于签订合同后一个月内办理完毕房产证、消防等相关证明。实际上，蛟魔王并未办妥上述证明。

承租该房屋后，白龙马经蛟魔王同意对涉案房屋进行了装修装饰，并在装修完成后即设立经营小白龙人才培训学校，但随后《房屋租赁合同》却因涉案房屋未取得相关许可证被判决无效。

因装修费用问题，白龙马多次与蛟魔王交涉均无结果，无奈将蛟魔王诉至天庭，要求其赔偿装修损失 278 000 元。蛟魔王则辩称白龙马签订租赁合同时已明知无法办理产权证，应当自担风险；且白龙马已使用该装修物多年，不应按原价赔偿。经评估，已形成附合的装修装饰物的现存价值为 215 500 元。

最终玉帝审理认为，房屋租赁合同被确认无效后，蛟魔王对该装修装饰物不同意利用，但白龙马对房屋的装修装饰已与房屋形成附合，无法拆走，白龙马因此产生了装修装饰物的损失。由于双方对该损失的产生均存在过错，该已形成附合的装修装饰物的现存价值应由双方按导致合同无效的过错进行分担，故判决白龙马承担 70% 的主要责任，蛟魔王承担 30% 的次要责任，蛟魔王应向白龙马赔偿 64 650 元装修损失。

捷高律师有话说

一、房屋租赁合同被认定无效后，已形成附合的装修装饰物应如何处理？

《最高人民法院关于审理城镇房屋租赁合同纠纷案件具体应用法律若干问题的解释（2020 修正）》第 7 条规定："承租人经出租人同意装饰装修，租赁合同无效时，未形成附合的装饰装修物，出租人同意利用的，可折价归出租人所有；不同意利用的，可由承租人拆除。因拆除造成房屋毁损的，承租人应当恢复原状。已形成附合的装饰装修物，出租人同意利用的，可折价归出租人所有；不同意利用的，由双方各自按照导致合同无效的过错分担现值损失。"本案中白龙马经蛟魔王的同意才对涉案房屋进行装修装饰，但双方签订的《房屋租赁合同》在装修装饰后被确认无效后，蛟魔王不同意利用已附合的装修装饰物，因此应根据上述规定由双方各自按照导致合同无效的过错分担现值损失。

二、对于已形成附合的装饰装修物的现值损失应如何承担？

已形成附合的装饰装修物的现值损失，是指已形成附合的装饰装修物在房屋租赁合同被确认为无效时尚存的实际价值。确定已形成附合的装饰装修物现值损失无须考虑租赁合同期限的长短，只需考虑在房屋租赁合同被认定为无效时承租人对该装饰装修物的实际使用时长，即按照承租人已使用的时间予以折旧，而不能按照租赁期限进行分摊。

至于现值损失的具体数额，如双方当事人能达成一致的，则由双方当事人确定；无法达成一致的，则可以委托专业机构对已形成附合的装饰装修物的现存价值评估鉴定。

1.为何要求当事人在已形成附合的装饰装修物折旧后的现值损失范围内承担责任？

在房屋租赁合同无效的情况下，出租人和承租人关于租赁房屋的约定（包括租赁期限）自始无效，因而不能按照原约定的租赁期限分摊装修附合物的费用。通常，在房屋租赁合同被确认无效时，承租人对租赁房屋的装修附合物已实际使用一定的时间，故无论是折价补偿或按过错分担损失，均应在已形成附合的装饰装修物折旧后的现存价值的范围内予以确定。当然，如果该已形成附合的装饰装修物未经过利用贬损，则相当于其原价。

2.本案为何判决由出租人和承租人分担损失责任？

根据《民法典》的相关规定，责任的承担应根据各方的过错程度来确定。在房屋租赁合同纠纷中，对于合同无效的结果，如果是出租人过错导致的，则应由出租人补偿承租人装饰装修损失；如果是承租人过错导致的，则应由承租人自行承担装饰装修损失，并由承租人赔偿出租人因租赁合同无效受到的其他损失；如果双方都有过错，则应当由双方按过错责任大小来分担装饰装修现值损失。

具体到本案，在签订合同时蛟魔王已向白龙马说明该房屋无产权证及消防验收手续，而白龙马应当租赁产权齐全、消防验收合格的房屋经营人才培训学校，但其明知蛟魔王的房屋无产权证及消防验收手续仍租赁该房屋装饰装修并经营小白龙人才培训学校，因此应承担导致合同无效过错的主要责任，即70%的责任；而蛟魔王将未取得产权证及消防验收手续的房屋租赁给小白龙，应当承担导致合同无效过错的次要责任，即30%的责任。

前事不忘 后事之师

2021年1月1日正式施行的《最高人民法院关于审理城镇房屋租赁合同纠纷案件具体应用法律若干问题的解释》，是根据《民法典》等法律规定，并结合民事审判实践予以制定的，它能够指引法院正确审理城镇房屋租赁合同纠纷案件，依法保护当事人的合法权益。

裁判文书链接

（2018）渝0235民初2560号

（2019）渝02民终1001号

（撰稿：黄昕睿）

08. 房价上涨那么多，我不卖了，解除买卖合同吧！

几年前，杨戬因生活需要，向白龙马提出要购买其位于天宫山的房子，但由于当时杨戬资金尚未到位，二人便商量签订《房屋租售合同》。该合同约定白龙马于 2016 年 1 月 1 日将其房产出租给杨戬使用，租期为 5 年；至 2021 年 1 月 1 日白龙马再将房屋出售给杨戬，出售金额为 200 万元。《房屋租售合同》签订后，白龙马将房屋交付给杨戬使用，杨戬按约交付了房屋租金。

时至房屋出售时间，杨戬向白龙马表示可以支付全部购房款，要求白龙马与其办理房屋过户登记手续。但白龙马此时却向杨戬发出《解除房屋租售合同通知书》，要求杨戬返还房屋。无奈之下，杨戬只能上告天庭，请求玉帝做主。

白龙马向玉帝提供了房屋的《估价报告》，以证明涉案房屋在 2021 年 1

月 1 日的市场价值为 800 万元，若继续履行《房屋租售合同》将显失公平，所以应按情势变更原则处理，解除双方的《房屋租售合同》。玉帝认为，白龙马与杨戬在签订《房屋租售合同》时应当可以预见将来房价或升或跌等风险，故不能以房价大幅上涨为由任意解除合同，这有违诚实信用原则。因此，判令白龙马履行该合同，将房屋以合同约定的价格出售给杨戬。

捷高律师有话说

一、什么是情势变更原则？

根据《民法典》第 533 条规定，情势变更是指合同成立后，合同的基础条件发生了当事人在订立合同时无法预见的、不属于商业风险的重大变化，继续履行合同对于当事人一方明显不公平。此时，受不利影响的当事人可以与对方重新协商；在合理期限内协商不成的，当事人可以请求人民法院或者仲裁机构变更或者解除合同。

二、情势变更原则的意义

情势变更原则的意义在于通过司法权力的介入，强行改变合同已经确定的条款或解除合同，在合同双方当事人订约意志之外，重新分配交易双方在交易中应当获得的利益和风险。

三、情势变更原则的适用

对于情势变更的适用，需要同时满足以下四个要件。

一是须有情势变更之事实,这也是适用情势变更的前提条件。所谓"情势",系指作为合同法律行为基础或环境的一切客观事实,包括政治、经济、法律及商业上的种种客观状况。所谓"变更",指这种情势在客观上发生异常变动,这种变更可以是经济因素的变动(如通货膨胀、币值贬值等),也可以非经济因素的变动(如战争即导致的封锁、禁运等)。

二是情势变更的情形须发生在合同成立以后,履行终止之前,这是适用情势变更原则的时间要件。只有情势变更的情形发生在合同成立之后,合同关系消灭之前,才能适用情势变更原则。

三是情势变更须是当事人所不能预见的,且有不可预见之性质,这是适用情势变更原则的主观要件。情势变更是否属于不可预见,应根据当时的客观实际情况及商业习惯等作为判断标准。如果当事人事实上虽然没有预见,但法律规定应当预见或者客观上应当预见,则不能适用情势变更原则,因为当事人对自己的主观过错应当承担责任。如果仅有一方当事人不可预见,则仅该当事人可主张情势变更。

四是因情势变更使原合同的履行显失公平,这是适用情势变更原则的实质要件。情势变更情形发生以后,如继续按原合同规定履行义务,将会对一方当事人产生显失公平的后果。由此可见,适用情势变更原则是为了平衡当事人之间的利益。

四、本案能否适用情势变更原则?

白龙马与杨戬签订的《房屋租售合同》合法有效,该合同分为两部分,一部分为房屋租赁,另一部分为房屋买卖。本案中,房屋租赁部分双方已经履行完毕。至于房屋买卖部分,由于已到合同约定的交易时间,杨戬应当依照合同约定向白龙马支付全部购房款,白龙马也应当与杨戬办理房屋过户登记手续,而白龙马却因房价上涨属于情势变更为由要求解除合同。但是,合同签订后的房价上涨属于可以预见的情形，即使价格上涨幅度很大，但仍属于正常的商业风险。因此，白龙马以房屋价格出现较大幅度上涨、继续履行合同显失公平为由主张解除合同，缺乏充分的法律依据，不应支持。

五、因第三人原因导致的合同无法履行是否属于情势变更？

《民法典》第593条规定："当事人一方因第三人的原因造成违约的，应当依法向对方承担违约责任。当事人一方和第三人之间的纠纷，依照法律规定或者按照约定处理。"据此，因第三人的原因造成合同无法履行的，应当按照上述法律规定处理，不适用情势变更原则。

前事不忘 后事之师

诚实信用原则为基本法律原则，只有由于不可归责于合同当事人的原因导致合同缔约时的基础动摇或丧失，强行维持合同原有效力将导致合同当事人之间的利益均衡关系受到破坏，严重违背公平诚信原则时，才能适用情势变更原则。

裁判文书链接

（2017）最高法民再26号

（撰稿：林瑞文）

09. 公章随意用，后果很严重

孙悟空因个人资金周转问题向牛魔王借款。为了让牛魔王安心，孙悟空还特意拿出其开设的千里马公司的公章在《借款合同》的借款人处加盖印章。

然而，孙悟空在借款期限届满后无力偿还债务。牛魔王认为虽然孙悟空个人没有能力归还借款，但其公司具备还款能力，遂要求公司承担还款责任，孙悟空对此表示反对。由于双方无法达成共识，牛魔王遂前往天庭起诉，要求孙悟空和公司共同承担还款责任。

玉帝经审理后认为，借款虽然是转入孙悟空个人账户，孙悟空亦系实际用款人，但公司在《借款合同》借款人处加盖了公章，该公司行为构成债务加入。因此，判决公司与孙悟空共同承担还款义务。

捷高律师有话说

一、什么是债务加入？

债务加入，又称为"并存债务承担"，指的是债务人不脱离借款合同关系的前提下，由第三人加入借款合同关系中，与债务人共同承担借款合同义务的债务承担方式。

二、债务加入的特征

（1）以原有已存在的有效债务为前提，且第三人所承担的债务仅限于原债务范围内，不会因为债务的转移而增加或减少。

（2）第三人加入债务原则上不需要取得债权人的同意，只要债务人或第三人向债权人发出债务承担的通知即可。

（3）第三人加入债务关系后，可以以原债务人对抗债权人的事由进行对抗，但不得以自己与债务人之间的事由作为抗辩理由对抗债权人，即第三人与债务人之间的事由双方自行解决，不得牵扯到债权人。

（4）第三人加入债务关系后，债务关系可因原债务人或第三人的全部清偿而消灭，如债务为第三人清偿的，第三人可向原债务人追偿，但具体要看双方之间的约定。

三、本案公司加盖印章的行为为何会构成债务加入？

从本案分析得知，实际借款人、用款人均为孙悟空，公司仅是在借款人处加盖公章而已。但由于孙悟空系该公司的法定代表人，因此在《借款合同》

上加盖公章的行为是公司的真实意思表示，该行为可视为公司对《借款合同》内容的确认，构成了对该债务的自愿加入，应当就该款项与孙悟空向牛魔王承担共同清偿责任。

前事不忘　后事之师

当今社会，每家公司均有印章，其代表的是公司的意志，是法人权利的象征，具有特定的法律效力，因此加强印章的保护工作非常重要。如因印章管理不当，造成公司损失，应当及时向司法机关寻求帮助，阻止损失扩大。

裁判文书链接

（2013）扬民终字第 0415 号

（2014）苏审二民申字第 1327 号

（撰稿：胡婷婷）

10. 定金和订金傻傻分不清

鲤鱼精由于经营需要，打算向西海龙王租用冷藏库。双方协商一致后签订了租赁合同，并约定于合同签订之日鲤鱼精向西海龙王交付定金5万元。然而，到了约定交付冷藏库的时间，西海龙王却说由于设备原因无法交付，提出解除合同，并要求鲤鱼精在合同后面写明"同意退还订金……"鲤鱼精情急之下竟同意了西海龙王的要求。

事后，鲤鱼精越想越不对劲，明明违约的是西海龙王，当初合同约定的又是定金，西海龙王应该承担违约责任，双倍返还定金才对！于是，鲤鱼精就此向天庭起诉。

玉帝开庭审理了此案，认为即使双方的租赁合同中表述5万元为定金，但

百姓身边的法律小故事

因为鲤鱼精在租赁合同最后一页写了"同意退还订金……"的句子，该行为视为双方对该 5 万元性质的重新确认，故对于鲤鱼精要求西海龙王双倍返还定金 10 万元的诉求不予支持，西海龙王只需向鲤鱼精返还 5 万元订金。

📢 捷高律师有话说

一、定金和订金是两个不同的法律概念

《民法典》第 586 条规定："当事人可以约定一方向对方给付定金作为债权的担保。定金合同自实际交付定金时成立。"定金是指合同当事人为了确保合同的履行，依据法律规定或双方约定，由当事人一方在合同订立前或者合同订立后履行前，按合同标的额的一定比例或固定金额，先预付另一方金钱。定金属于法律上的一种担保方式，目的在于促使债务人履行债务，保障债权人的债权得以实现，它具有担保的性质。订金属非法律用语，只是单方行为，一般情况视为交付的预付款，不具有与"定金"相同的担保性质，不管是哪一方原因造成合同不能履行，给付订金一方都可以主张全额返还。

二、定金和订金的法律后果不同

根据《民法典》第 587 条的规定，债务人按照合同约定履行债务的，定金应当抵作价款或者收回。给付定金的一方不履行债务或者履行债务不符合约定，致使不能实现合同目的的，无权请求返还定金；但倘若是由于接受定金方原因不能履行债务或者履行债务不符合约定，致使不能实现合同目的的，则接受方应双倍返还定金。

订金在法律上被视为合同可以履行情况下而预先支付的合同款项。如果合同正常履行不出差错，那么订金就是合同付款金额中的部分。倘若最后合同执行不了，不管是因为哪一方的责任，订金都是可以退还的。

定金和订金是不同的概念，一字之差大相径庭！鲤鱼精因为不清楚两者的区别未能争取到属于自己的合法权益。

前事不忘 后事之师

当今社会不乏个人和企业利用一些人法律知识欠缺的弱点，在订立合同时，故意设下陷阱，将"定金"写成"订金"。所以为了避免自己的损失，当要与他人签订合同时，一定要留神看清楚！

裁判文书链接

（2021）鲁0828民初2497号

（撰稿：欧阳翠桦）

11. 离婚协议约定的违约金有效吗？

百花羞与奎木狼由于性格不合办理了离婚手续并签订了《离婚协议书》，约定男方一次性支付女方人民币500万元作为补偿款，自婚姻登记机关颁发《离婚证》之日起两年内付清，如男方未按约履行付款义务，应向女方支付10%（即人民币50万元）的违约金。

协议签订后，奎木狼并没有按约定向百花羞支付补偿款，百花羞遂起诉至天庭，请求天庭判令奎木狼向自己支付补偿金500万元及逾期付款的违约金50万元。奎木狼则抗辩说根据《民法典》第464条之规定，《离婚协议书》属于身份关系相关的协议，不应适用《民法典》合同编中关于违约金的规定。最终天庭仍然支持了百花羞的诉求，判如百花羞所请。

捷高律师有话说

奎木狼百思不得其解——不是说与身份关系有关的协议不适用《民法典》合同编中的规定吗？为何天庭却又适用了呢？离婚协议约定的违约金到底有没有法律效力呢？

一、什么是身份关系？

身份关系，是指基于主体的一定身份而发生的以身份利益为内容的人身关系。例如，婚姻关系是基于夫妻双方结婚而产生的关系，亲子关系是基于生育或者收养、再婚等行为而产生的关系。在这些关系中，夫或妻、父母或子女的权利义务是基于他们的身份而产生的，脱离他们的特定身份则未必会产生相应的权利义务。

身份关系基于主体的特定身份产生，具有非财产性、身份性和伦理性。而传统民法理念认为，合同法律主要调整的是财产关系，因此在《民法典》颁布以前，根据《中华人民共和国合同法》(以下简称《合同法》)第2条第2款之规定，涉及身份关系的协议不受《合同法》的调整。

二、有关身份关系的协议能否适用《民法典》合同编的相关规定？

在实践中，一方面，身份关系协议往往不会单纯约定身份变动的条款，通常会既包含身份关系变动的条款，又包含财产关系变动的条款。例如，常见的离婚协议，不仅包含离婚、子女抚养等与身份关系有关的条款，而且常常会包含各方财产安排的条款，不可避免地需要适用有关财产处置的法律规定。另一方面，关于婚姻家庭、继承、收养、监护等身份关系的法律条文中对财产部分的规定较少，难以满足人们解决伴随身份关系变动而来的财产关系变动问题的需求，只能从合同法律中寻求法律依据。

因此,《民法典》合同编对上述《合同法》第 2 条第 2 款之规定予以修改,在第 464 条规定:"合同是民事主体之间设立、变更、终止民事法律关系的协议。婚姻、收养、监护等有关身份关系的协议,适用有关该身份关系的法律规定;没有规定的,可以根据其性质参照适用本编规定。"从立法本意看,《民法典》第 464 条第 2 款只是对身份关系协议特定情况下可以参照适用《民法典》合同编所作的原则性规定;对于司法实践中某一具体的身份关系协议是否可以适用以及如何参照适用《民法典》合同编的相关规定,《民法典》未作统一性规定,只能根据该身份关系协议的性质具体情况具体判断。因此,涉及身份关系的财产协议,并不绝对排除对《民法典》合同编的适用。

具体到本案,奎木狼与百花羞签订的《离婚协议书》当然系身份关系协议,但却包含了双方因身份关系变动而产生的财产变动条款。由于违约金条款是具有很强民商事合同属性的条款,且《民法典》婚姻家庭编未对离婚协议书中的违约金条款进行规定,故可依据违约金的合同属性适用《民法典》合同编关于违约责任的相关规定。

考察违约金条款是否有效,应当依据《民法典》合同编的相关规定考察《离婚协议书》是否有效。本案中,奎木狼与百花羞均系完全民事行为能力人,没有任何证据显示《离婚协议书》系奎木狼在被欺诈、胁迫或重大误解的情况下签订的,且关于违约金的约定不存在违反我国强行性法律法规之情形,故该《离婚协议书》合法有效。因此,根据《民法典》第 577 条规定"当事人一方不履行合同义务或者履行合同义务不符合约定的,应当承担继续履行、采取补救措施或者赔偿损失等违约责任",依据百花羞和奎木狼签订的《离婚协议书》,支持百花羞对违约金的请求,于法有据,合理合法。

前事不忘 后事之师

根据《民法典》第 464 条第 2 款规定,对于身份关系协议中关于财产或给付义务的约定内容，法院不应机械地、轻易地排除《民法典》合同编的适用，而应综合考虑各方当事人的权益，从保护权利人合法权益、身份协议的目的不落空、达到良好社会效果的角度出发，考虑应否适用。具体到违约金的金额或比例，笔者认为违约金条款能更好地保障支付义务的履行，只要给付义务人未进行"违约金过高、请求调整"之抗辩，人民法院、仲裁机构就不应主动调低违约金。

📖 裁判文书链接

（2017）川0116民初340号

（撰稿：李慧华）

📊 12. 借款遇到"砍头息"，利息很高怎么办？

猪八戒因资金周转困难向牛魔王借款，牛魔王与猪八戒约定，借款给猪八戒 100 万元，期限为 2 个月，但利息 12 万元需要提前扣除，即实际只转账 88 万到猪八戒的账户，而出具的借条仍约定为借款 100 万元。猪八戒虽然不情愿，但因着急用钱只好同意了牛魔王的条件。

很快就到了约定还款的日子，猪八戒却耍赖不还，牛魔王一气之下起诉至天庭。玉帝审理后认为，双方签订的借款合同是真实的意思表示，合法有效，对合同当事人具有约束力。但是，预先收取利息这一做法，属于民间借贷的"砍头息"类型，该做法违背了相关法律规定。另外，本案中约定的利息明显过高。因此，玉帝对牛魔王要求猪八戒偿还 100 万元的诉求不予支持，判决猪八戒按实际借款的数额 88 万元返还借款及相应的利息即可。

📢 捷高律师有话说

一、什么是"砍头息"？

砍头息，指的是高利贷或地下钱庄在给借款者放贷时，先从本金中扣除的一部分钱，即实际借款的数额小于借据或借款合同记载的数额。

二、"砍头息"出现的情形？

一般情况下，"砍头息"可分为以下两种情形。

（1）出借人实际扣除利息后转账或现金给付借款人，借款人向出借人出具全额书面手续。就如本案一样，牛魔王与猪八戒签订书面借款合同约定借款为100万元，但实际上，牛魔王只给猪八戒转账88万元，剩余12万元作为利息预先收取。

（2）出借人以转账方式全额支付给借款人，借款人随即将利息支付给出借人，借款人向出借人出具全额书面手续。例如，书面借款合同约定借款金额为100万元，出借人也实际转账100万元给借款人，但借款人收到借款后，又立即将12万元作为利息转账给出借人。

三、遇到"砍头息"，借款人应当如何维护自身权益？

一般情况下，法院审理此案时，会结合双方的陈述、借款来源、交易时间、交易地点及方式来判断，借款人应提供相关证据证明自己收取的实际借款金额或已经向出借人预先支付利息。

四、对于"砍头息",法律法规是如何规定的?

《民法典》第670条规定:"借款的利息不得预先在本金中扣除。利息预先在本金中扣除的,应当按照实际借款数额返还借款并计算利息。"《最高人民法院关于审理民间借贷案件适用法律若干问题的规定》第26条规定:"借据、收据、欠条等债权凭证载明的借款金额,一般认定为本金。预先在本金中扣除利息的,人民法院应当将实际出借的金额认定为本金。"可见,对于"砍头息"的做法,我国相关的法律法规是不予认可的。

五、既然"砍头息"不被认可,那么利息应当如何计算?

第一,对于借期内利息,有约定的,按照双方当事人约定处理,但约定的利息不得超过合同成立时一年期贷款市场报价利率(即LPR)四倍;没有约定或约定不明的,需要区分自然人与非自然人的区别,自然人之间对借贷利息没有约定或约定不明的,出借人要求借款人支付利息,法院不予支持;但如果是自然人之外的借贷,对利息约定不明出借人主张利息的,法院应当结合民间借贷合同的内容或根据当地或当事人的交易方式、交易习惯、市场报价利率等因素来确定利息。

第二,借贷双方对逾期利率有约定的,按约定执行,同样以不超过合同成立时一年期贷款市场报价利率四倍为限。假如出现未约定逾期利率或约定不明的,法院可以区分不同情况处理。①未约定借期内利率,也未约定逾期利率的,出借人主张借款人自逾期还款之日起参照当时一年期贷款市场报价利率标准计算的利息承担逾期还款违约责任的,法院应予支持。②约定了借期内利率,但是未约定逾期利率的,出借人主张借款人自逾期还款之日起按照借期内利率支付资金占用期间利息的，法院应予支持。

第三，2020年8月20日之后新受理的一审民间借贷案件，借贷合同成立于2020年8月20日之前，当事人请求适用当时的司法解释计算自合同成立到2020年8月19日的利息部分的（即年利率不超过24%，已经支付的利息不超过年利率36%），人民法院应予支持；对于自2020年8月20日到借款返还之日的利息部分，适用起诉时《最高人民法院关于审理民间借贷案件适用法律若干问题的规定》的利率保护标准计算。

前事不忘　后事之师

虽然我国法律法规对于"砍头息"的做法不予认可，借款人也可以举证证明自己已经预先支付了高额利息，但在司法实践中，往往会出现各种"花式"费用来掩盖利息（如顾问费、手续费等）。因此，大家在借款时应当多加注意。

裁判文书链接

（2019）粤0106民初1868号

（撰稿：胡婷婷）

13. 合同条款有争议时该怎么办？

　　西天取经回来后，沙僧成立了流沙河餐饮有限公司（以下简称"流沙河餐饮公司"），经营食堂餐饮服务。

　　2017年12月20日，流沙河餐饮公司与天兵流沙河卫戍区干休所（以下简称"干休所"）签订《餐饮项目承包与食堂保障服务合同》。合同签订后，流沙河餐饮公司于2018年1月7日向干休所支付履约保证金5万元并对食堂进行了装修、改造，并在食堂安装了酒楼店面招牌，至2018年5月装修完毕，装修、改造花费191万元。其间，流沙河餐饮公司为干休所的员工提供餐饮服务。

　　2018年6月11日干休所收到《关于深入推进军队全面停止有偿服务工作的指导意见》（以下简称《指导意见》），根据文件"坚决停止一切以营利为目

的、偏离部队主责主业、单纯为社会提供服务的项目"的精神，干休所要求沙僧将食堂的酒楼店面招牌拆除并暂停营业，而干休所在2018年6月14日拆除了该食堂的酒楼店面招牌。沙僧认为干休所的做法严重违约，经与干休所书面确认解除合同后，沙僧将干休所告上天庭，要求玉帝判决干休所赔偿其支出的装修费用191万元、退还押金5万元及已支付的承包款。干休所则认为根据合同约定，无须作出任何赔偿。

双方对合同中关于"由于不可抗力、部队部署调整、政策变化，甲方有权单方面终止合同并无须对乙方进行补偿"之条款争执不下。最后，本案以天庭玉帝判决干休所赔偿流沙河餐饮公司涉案房屋装修残值的一半、退回押金及已支付的承包款而告终。

捷高律师有话说

一、当事人对合同条款有争议时的法律规定

合同条款是基于合同当事人意思表示一致而订立的，但在实践中由于种种原因，当事人可能会对合同某些条款的理解发生争议。比如在本案中，干休所认为，既然《餐饮项目承包与食堂保障服务合同》约定了"由于不可抗力、部队部署调整、政策变化，甲方有权单方面终止合同并无须对乙方进行补偿"（以下简称"政策变化无须补偿条款"），在真的出现部队政策变化时，流沙河餐饮公司就不能要求补偿；而流沙河餐饮公司认为，其对餐厅进行了装修，对方就应该赔偿其装修的这部分损失。而《民法典》第466条第1款规定："当事人对合同条款的理解有争议的，应当依据本法第142条第1款的规定，确定争议条款的含义。"而第142条第1款规定的是："有相对人的意思表示的解释，

应当按照所使用的词句，结合相关条款、行为的性质和目的、习惯以及诚信原则，确定意思表示的含义。"

二、涉案合同"政策变化无须补偿条款"中的"补偿"范围是什么？

根据《民法典》第466条第1款和第142条第1款之规定，在处理对合同条款理解有争议的情况时，不能断章取义，而需通盘考虑双方当事人的合同目的、行为性质、交易习惯等。具体到本案，双方关于涉案合同的履行有以下四个具体的考量情况：①《餐饮项目承包与食堂保障服务合同》第5条约定："合同期满后，若流沙河餐饮公司未能中标，干休所应对其进行相应补偿"；②根据整个合同可知，涉案合同目的有二，一是干休所提供场地供流沙河公司自主经营，二是流沙河餐饮公司为干休所提供食堂保障服务；③流沙河餐饮公司为履行合同，积极装修改造案涉餐厅、主动购买相关设备，因不可归责于流沙河餐饮公司的事由导致合同终止，且终止时案涉餐厅尚未对外经营；④《指导意见》的主要目的是规范部队有偿服务，并非限制部队对合同相对方的补偿，相反该指导意见明确指出"需补偿的，按照国家法律规定给予经济补偿"。

根据上述要点，"政策变化无须补偿条款"中所称的"补偿"应当解释为系对流沙河餐饮公司履行合同自主经营所获预期利益等项目的补偿，而非对流沙河餐饮公司为履行合同而投入相关成本的补偿。

三、玉帝基于何种考虑判决干休所赔偿装饰装修残值的一半？

关于流沙河餐饮公司关于补偿装修费用的请求，虽然双方约定了"政策变化无须补偿"，但事实上确实存在流沙河餐饮公司对案涉餐厅进行装修改造后尚未经营即被迫终止合同的情况，且《指导意见》明确规定"合同协议未到期的，通过协商或司法程序能够终止的项目，应提前解除合同协议，确需补偿的，按照国家法律规定给予经济补偿"。如不对流沙河餐饮公司进行补偿，明显对流沙河餐饮公司不公平。

综合上述考虑，玉帝根据公平原则判令干休所承担流沙河餐饮公司房屋装饰装修残值的一半，恰恰体现了《民法典》第 466 条第 1 款之规定的精神，并无不当。

前事不忘　后事之师

对于法官而言，合同解释是法官行使自由裁量权的重要体现。如何进行合同解释，即如何确定合同解释的具体方法与适用规则，既是合同解释的核心问题，也是广大法官在审理案件中迫切需要的实践指引，具有重要的理论价值和现实意义。

对于合同当事人而言，除了尽可能明确合同条款的文义、尽量避免争议条款的出现外，在合同履行的过程中还应尽可能多地保存能反映双方交易习惯、合同真实目的、合同履行等情况的证据，以便在出现纠纷时作为人民法院或仲裁机构作出公平解释的事实依据。

裁判文书链接

（2020）京 01 民终 8784 号

（撰稿：李慧华）

14. 恋爱期间的转账往来，可以要回来吗？

白龙马与万圣公主谈恋爱，原本二人已经到了谈婚论嫁的地步，怎料万圣公主却突然变心，与九头虫在一起了。白龙马怒不可遏，要求万圣公主归还其在二人恋爱期间的借款。

万圣公主认为白龙马手上的借条是二人分手时白龙马逼自己写的，所谓的借款并未实际发生，拒绝了白龙马的要求。

于是白龙马上天庭找玉帝主持公道。玉帝听后向白龙马解释道，借贷关系不是有借据就可以成立的，还要有借款的意思表示及交付借款的行为才行。万圣公主没有借款的意思表示，白龙马也无法证明哪一笔转账是属于借款，并且万圣公主向白龙马转账的数额比白龙马向万圣公主转账的数额还要多。因此，玉帝认为二人的借贷关系并不成立，把白龙马劝走了。

捷高律师有话说

一、恋爱期间互相转账，分手后可以要回吗？

判断恋爱期间的互相转账在分手后是否可以要回，要先明确转账的性质是什么，恋爱期间的转账在法律关系上有可能是借贷，也可能是赠与，还可能是婚约财产以及不当得利等。因为不同的法律关系的成立条件、法律适用、举证责任分配等均有不同，所以判决结果也有所差异。如果被认定为借贷、婚约财产或不当得利，则有可能要求对方返还；如果是赠与性质，一般不能要求对方返还。

二、恋爱期间的转账性质应如何界定？

情侣之间的转账如果仅有转账记录，没有证据表明属于借款，则有可能被定性为赠与。而赠与分为无条件赠与和有条件赠与，无条件赠与一般不能要求返还，有条件赠与则有可能要求对方返还。《民法典》第658条规定："赠与人在赠与财产的权利转移之前可以撤销赠与。经过公证的赠与合同或者依法不得撤销的具有救灾、扶贫、助残等公益、道德义务性质的赠与合同，不适用前款规定。"第661条规定："赠与可以附义务。赠与附义务的，受赠人应当按照约定履行义务。"

对于无条件赠与，在司法实践中，法院一般会结合当地经济发展条件，以酌定的金额标准划分，小于该金额的即认定为恋爱期间表达情谊的无条件赠与行为。另外，一些含有特殊意义的转账，一般被认为是表达情谊的无条件赠与行为，如金额数额"520""1314"等转账行为。对于有条件赠与，理由同上，以酌定的金额标准划分，大于该金额的则认定为以共同生活或者缔结婚姻关系为目的（如给付彩礼等）的附解除条件的赠与，在双方分手后，因为赠与所附的解除条件成就，赠与人解除赠与，因赠与而取得的财产应当予以返还。

因此，有条件赠与应当适用《民法典》第661条的规定，受赠人应当按照约定履行义务。不履行义务的，应当返还。

其实恋爱期间的借贷关系，与一般借贷关系是一样的。民间借贷法律关系的成立，除了应当有如转账等的借款交付行为之外，还应当有借钱合意的成立。因此，原告在以民间借贷这一法律关系起诉时，除了转账记录外，还应当出具双方就该笔转账达成了借贷合意的证据，比如对方明确表示要借钱的消息记录、借条及转账交付等，否则有可能承担举证不利的法律后果。人民法院在审理民间借贷纠纷案件中，除对借据、收据、欠条等债权凭证及银行流水等款项交付凭证进行审查外，还应结合款项来源、交易习惯、经济能力、财产变化情况、当事人关系以及当事人陈述等因素综合判断借贷的真实情况。

因此，在本案中，白龙马称与万圣公主存在借贷关系，但在二人之间并没有形成借款的合意，更没有交付的记录，玉帝认为二人的借贷关系不成立，于法有据。

前事不忘　后事之师

日常生活中，情侣恋爱时为了增进感情，双方不免会赠送对方一定的钱财或者礼物。然而恋爱虽然美好，但当感情不再，恋人变成陌路，曾经的美好往往就会像从来没有发生过一样。因此，在此提醒恋爱中的情侣，如发生大额的金钱往来，双方均认可为借贷性质或是附条件的赠与的，那么最好在转账时注明及签署书面证据，以防日后发生纠纷时，无法保障自身的合法权益。

📖 裁判文书链接

（2020）粤01民终25107号

（撰稿：谭平）

15."借名买房"要谨慎

二十年前,二郎神杨戬与凡间好友刘洪商议,决定借用其名义在长安买房。刘洪觉得此事对其影响不大,便答应了杨戬的要求。随即,二人便找到卖家,由杨戬支付购房款,房产登记在刘洪名下,房贷亦是用刘洪的名字办理,由杨戬按月偿还。因二人为多年好友,杨戬没有与刘洪立下任何字据,只是将办理房产证时交纳各种费用的发票、收据、完税证、准予登记通知书等原件收由自己保管。

杨戬购得心意房产后,便一直对外出租获取租金收益,二十年间与刘洪一直相安无事。但最近刘洪前往房管部门将抵押于银行的房产证申请挂失,另行取得新房产证,并将房内租客赶走,强行换锁入住。杨戬知道后非常生气,立刻带齐全部资料前往天庭求玉帝做主。

经调查，玉帝发现刘洪虽然是案涉房产的不动产权属证书记载的权利人，但其所辩称的其余事实均没有有效的证据予以支撑且缺乏合理性。而杨戬所提供的证据，包括办理房产证时交纳各种费用的发票、收据、完税证、准予登记通知书等原件以及二十年来偿还案涉房产的房贷证明，该组证据的证明力明显具备更高的可信性及合理性。因此，根据证据并运用逻辑推理、结合日常生活经验，玉帝认定杨戬主张的事实合法有据，遂判决该房产归杨戬所有，责令刘洪在一定期限内协助杨戬办理过户变更登记手续。

捷高律师有话说

《民法典》第217条规定："不动产权属证书是权利人享有该不动产物权的证明。不动产权属证书记载的事项，应当与不动产登记簿一致；记载不一致的，除有证据证明不动产登记簿确有错误外，以不动产登记簿为准。"

一、"借名买房"的法律风险

"借名买房"，顾名思义就是有购房需求的人自行出资但借用他人名义来购买房产。"借名买房"实际上存在很大风险。根据上述法律规定，房地产作为不动产，以物权登记为准。在"借名买房"的情况下，房地产交易中心登记的对外公示的房产所有权人是名字出借人，即"名义产权人"，而实际出资人则是"实际产权人"。如果名义产权人未经过实际产权人的同意将该房地产擅自出售，且买家是以正常价格购买的，则实际产权人无法要求取消交易。

二、是不是只要有不动产权属证书就能证明自己是权利人？

不动产登记簿作为公文书证对不动产归属具有法律上的公示效力，意味着登记簿上记载的不动产物权权利人被推定为真正权利人，这种推定体现了国家公权力对不动产权属的介入。但不动产权属证书不具有绝对的证明力，并不排除存在不动产权属证书记载的权利人和真实权利人不一致情况。在相对方所提供的证据证明其为不动产物权权利人具有高度可能性，且不动产登记簿上记载确有错误，足以让法官产生逻辑必然性的心证时，则能确认其享有物权。

因此，一般情况下，不动产所有权以登记为准，不动产权属证书是权利人享有不动产所有权的证明，但不动产权属证书不具有绝对的证明力，并不排除存在不动产权属证书记载的权利人和真实权利人不一致情况。就如本案一样，虽然刘洪享有不动产所有权的证明，但结合其他证据仍能得出刘洪并非真正所有权人的事实。

三、本案中，玉帝是如何结合证据及日常生活经验、运用推理逻辑从而查明真相的？

第一，争议房屋的预售合同原件、购房款发票、完税凭证、准予产权登记通知书、公证书、贷款合同原件等反映房屋购买及产权登记情况的重要凭据均由杨戬持有。若真如刘洪所说其是真正权利人，只是将房产租与杨戬，又何须将上述重要凭证交由杨戬保管，刘洪的解释无法令人信服亦无证据支撑，因此杨戬的陈述明显具有更高的可信度。

第二，案涉房产的贷款一直是由杨戬以刘洪的名义偿还。刘洪辩称是以房贷抵付租金，但出租房屋可能面临租金涨跌等不确定因素，而房贷金额则是早已固定，不会有多大变动（除因政策原因而导致利率变动）。因此，刘洪一次性将房屋出租给杨戬二十余年而没有上涨租金，其做法有悖生活常理。

因此，通过上述分析可发现，如果一方当事人提出的证据已经证明该事实发生具有高度盖然性，而提供的证据数量越多，就越容易形成证据锁链，那么其证明的盖然性程度就相对越高，对该事实予以确认更接近于真实情况。

前事不忘　后事之师

"借名买房"本就是人们出于某些原因而想出来的不符合法律规定的"办法"，该行为并没有法律依据，所以一旦出现纠纷之后的调解或诉讼也很复杂，法院在审理时只能根据证据并结合生活经验来进行判决。

裁判文书链接

（2017）甘 0502 民初 1720 号

（2017）甘 0502 民终 767 号

（撰稿：黄怡靖）

16. "借名买房"要谨慎（续篇）

在杨戬借刘洪的名义购房把房屋登记在刘洪名下之前，刘洪为牛魔王向猪八戒贷款做了牛魔王的保证人。借款期限届满，牛魔王未能清偿债务，猪八戒就向天庭起诉了牛魔王和刘洪，并将二人的财产都作了财产保全。然而原登记在刘洪名下的房屋变更登记到杨戬名下，导致猪八戒的借款无法足额执行到位。猪八戒认为，刘洪和杨戬为了规避限购政策而借名买房，最终却损害了自己的利益，这样的行为不应当受到保护。于是猪八戒找到玉帝申请对杨戬的房屋强制执行。

玉帝查明事实后向猪八戒解释道，杨戬与刘洪为了规避限购政策而借名买房，是属于无效合同。但是在杨戬向刘洪要回房屋时，限购政策已经发生变化，杨戬符合了购房条件，从而消除了合同无效事由，借名买房合同的效力得以补正。而不动产登记中心结合该事实和判决，将房屋变更到杨戬名下，杨戬成了房屋的所有权人，猪八戒就不能再就该房屋申请执行了。

📢 捷高律师有话说

一、借名买房行为最终被确认，是否意味着借名买房行为合法？

答案是否定的。国家和地方出台限购政策，是为了防止投机人通过投机性购房获取额外不当利益。司法对于此种行为如不加限制而任其泛滥，则无异于纵容不合理住房需求和投机性购房快速增长，鼓励不诚信的当事人通过规避国家政策红线获取不当利益。这不但与司法维护社会诚信和公平正义的职责不符，而且势必导致国家房地产宏观调控政策落空，阻碍国家宏观经济政策落实，影响经济社会协调发展，损害社会公共利益和社会秩序。故杨戬与刘洪之间"借名买房"因违背公序良俗而应认定无效。

二、在房屋过户前，猪八戒可以执行涉案房屋吗？

杨戬依据规避国家限购政策的借名买房合同关系不能当然成为房屋所有权人，也不能对抗猪八戒申请的强制执行。当真实权利人与登记簿记载不一致时，真实权利人可以通过法定程序更正不动产登记簿的错误。但是，我们也要知道，走法定程序是需要时间的，在经法定变更登记程序完成物权公示之前，借名人（即真实权利人）享有的是债权请求权，不能依据借名买房的合同关系未经公示程序即直接被确认为房屋的物权人，其所享有的债权请求权也不具有对世效力、排他效力和绝对效力。所以，在房屋权属未变更登记到杨戬名下前，房屋的所有权人对外公示的是刘洪，猪八戒可以申请执行该房屋以偿还刘洪所负之债务。

三、在房屋过户后，猪八戒还能要求继续执行涉案房屋吗？

不能。房屋依法过户后，即属于杨戬的财产，猪八戒要求继续执行已经归属于杨戬的涉案房屋，已然不具有事实基础和法律依据。

四、如果杨戬在拿回房产前，涉案房产就被强制执行完毕，杨戬可以通过合法程序要求第三人归还房产吗？

不能。如前所述，在经法定变更登记程序完成物权公示之前，猪八戒是可以申请强制执行涉案房产的，如果此时涉案房产被拍卖，猪八戒的债权则得到实现。即使日后玉帝确认了涉案房产实际是杨戬所有，但基于保护善意第三人、维护正常交易秩序的原则，玉帝也不会支持杨戬要求竞拍人把房产归还的要求。但这样就会造成用杨戬的房产清偿刘洪的债务的事实，损害了杨戬的合法权益，此时杨戬可以要求刘洪承担相应的赔偿责任。

前事不忘 后事之师

日常生活中，若实在需要"借名买房"，双方必须事先签署相关的协议，保留相关证据，如邀请朋友作见证、进行录音录像等。另外，首付款汇款单、按揭还款单、完税证明、登记费用缴纳证明等一定要保存完好，以便于保护自己的权益。

裁判文书链接

（2017）甘 0502 民初 1720 号

（2017）甘 0502 民终 767 号

（撰稿：黄怡靖）

17. 游戏陪练当然是要付费的

红孩儿因为太调皮被铁扇公主关在火焰山闭门思过。在"闭关"的期间红孩儿迷上了一款名为"峡谷争霸"的手机游戏。时间久了，红孩儿觉得一个人打游戏很无聊，便通过网络平台找了一位名叫"云缨"的游戏陪练，让她每天向自己提供游戏陪练服务。

起初，红孩儿是通过平台下单，待双方熟悉后，红孩儿便直接通过微信联系云缨，以微信转账的方式支付相应的陪练服务费。半年的时间转眼即逝，不知不觉间红孩儿对云缨产生了好感，除了在微信聊天中多次向云缨告白，还购买了手表、化妆品等贵重物品送给云缨，但云缨表示仙凡有别，不能接受红孩儿的爱意。

红孩儿恼羞成怒，冲破铁扇公主留下的结界，前往天庭找玉帝提起诉讼，

| 百姓身边的法律小故事

以不当得利为由要求云缨退还此前收取的陪练服务费和礼物。

玉帝经过审理后认为，红孩儿在网络平台上向云缨订购了陪练服务，虽然其后改用微信直接支付费用，但双方仍构成服务合同关系，红孩儿支付的服务费属于履行合同的行为，而云缨也按照合同约定提供了陪练服务，双方已对合同履行完毕，红孩儿要求云缨退还陪练服务费没有法律依据，不予支持。至于在陪练期间，红孩儿送给云缨的礼物，属于红孩儿自愿赠与，其与云缨之间形成了赠与合同关系，且为一般赠与，不能撤销。综上所述，玉帝驳回了红孩儿的全部诉讼请求。

捷高律师有话说

一、什么是服务合同？

服务合同在我国统称为技术服务合同，是指服务方以自己的技术和劳动为委托方解决特定的技术问题，而委托方接受工作成果并支付约定报酬的协议。本案中红孩儿与云缨之间形成的是游戏陪练服务合同，也可以认为是技术服务合同。红孩儿向云缨支付一定的报酬，云缨则向红孩儿提供游戏陪练服务，即以自己的游戏操作技术，带游戏玩家红孩儿练游戏号、升级等服务。

二、我国是否认可陪练服务？是否可以要求对方退还陪练服务费？

从我国法律上来看，陪练、陪玩等服务属于服务合同的一种，即由一方付费、另一方提供服务而构成的服务合同。目前，我国法律并没有禁止提供陪伴聊天、陪玩游戏等形式的虚拟服务，因此这项服务并不违法。本案中，红孩儿作为完全民事行为能力人，自愿在游戏平台向云缨订购"峡谷争霸"竞技游戏陪练服务，云缨向红孩儿提供了陪练服务，双方的行为具有正当性，并不违反法律的禁止性规定，合法有效，云缨有权通过自己的劳动获得报酬。红孩儿通过微信转账向云缨支付的相应款项，系基于双方之间陪玩游戏的服务合同关系，具有合法依据，红孩儿无权要求云缨返还。

三、什么是不当得利？

不当得利，是指没有合法依据，使他人受到损失而自己取得利益。不当得利的法律事实发生以后，即在不当得利人与利益所有人（受害人）之间产生了一种权利义务关系，即利益所有人有权请求不当得利人返还不应得的利益，不当得利者有义务返还。这也就在双方之间产生一种债的关系。

前事不忘　后事之师

在现今社会中，游戏陪玩的确能满足一部分游戏玩家的情感需求，但对双方在游戏中的交涉，目前仍难以实现全方位监控。因此，消费者在购买服务项目以外，也要分清虚拟与现实的区别，不要陷入网络虚拟世界中，让自己得不偿失。

裁判文书链接

（2021）湘 0302 民初 825 号

（撰稿：黄洁梅）

18. 合同约定的违约金太高了，可以调低吗？

猪八戒为了猪小宝能健康成长，有意将高老庄打造成一个人间仙境。为此，猪八戒与镇元大仙签订《绿化苗订购合同》，订购云杉1000株，金额为500万元。二人约定猪八戒先支付250万元，待云杉种植成功并达到一定的观景效果后，再支付余下尾款250万元；同时还约定，如猪八戒未按约定支付尾款，需赔付逾期违约金1000万元。合同签订后，镇元大仙依约送来云杉。寒来暑往，冬去春来，曾经的小树苗长成了参天大树。猪八戒从窗户眺望着一片绿油油的美景，心里十分满意。镇元大仙亦依约前来收取云杉尾款，但猪八戒却说如今资金周转不灵，希望可以延期支付尾款，同时认为违约金太高了，希望能降低一些。镇元大仙自是不愿，于是前往天庭请玉帝做主。

玉帝查明事实后，认为猪八戒的行为已经违约，判决猪八戒即日向镇元大仙支付尾款，并支付违约金。但违约金确实约定过高，应适当予以调整，遂判决以镇元大仙实际损失为基础，并从猪八戒逾期付款之日起计算利息损失。

捷高律师有话说

民事主体应当依照法律规定或者当事人约定履行民事义务；民事主体不履行或者不完全履行民事义务的，应当承担民事责任。承担民事责任的方式是民事责任的具体体现，没有承担民事责任的方式，民事责任就难以落实。因此，我国法律专门规定了违约责任制度，包括违约金、逾期利息等，在保障守约方的合法权益之余，也能给予违约方适当的惩戒。

一、什么是违约金？

违约金是当事人在合同中约定的或者由法律直接规定的一方违反合同时应向对方支付一定数额的金钱，这是违反合同可以采用的承担民事责任的方式，只适用于合同当事人有违约金约定或者法律规定违反合同应支付违约金的情形。

二、违约金只能表现为金钱吗？

不是的。违约金的标的物通常是金钱，但是当事人也可以约定违约金标的物为金钱以外的其他财产。

三、产生违约金的两种根据

违约金可以分为法定违约金和约定违约金。法定违约金是由法律直接规定违约的情形和应当支付违约金的数额。只要当事人一方发生法律规定的违约情况，就应当按照法律规定的数额向对方支付违约金。如果违约金是由当事人约定的，即为约定违约金。约定违约金是一种合同关系，也被看成一种附条件合同（或合同条款），只有在违约行为发生的情况下，违约金合同或条款才生效；违约行为不发生，违约金合同或条款则不生效。当事人约定违约金的，一方违约时，应当按照该约定支付违约金。

四、违约金过高的判断标准

关于违约金的约定标准，我国法律并没有明文规定，但在司法实践中，一般约定的违约金高于实际损失 30% 的，就可认为属于过分高于损失，可以请求法院适当减少。同理，当双方当事人约定的违约金过低，不足以弥补实际损失的，亦可请求法院适当增加。

五、违约金过高或过低的调整

《民法典》第 585 条规定："当事人可以约定一方违约时应当根据违约情况向对方支付一定数额的违约金，也可以约定因违约产生的损失赔偿额的计算方法。约定的违约金低于造成的损失的，人民法院或者仲裁机构可以根据当事人的请求予以增加；约定的违约金过分高于造成的损失的，人民法院或者仲裁机构可以根据当事人的请求予以适当减少。当事人就迟延履行约定违约金的，违约方支付违约金后，还应当履行债务。"该条文规定了若当事人主张约定的违约金过高或过低，请求人民法院适当调整的，人民法院应当以实际损失为基础，兼顾合同的履行情况、当事人的过错程度以及预期利益等综合因素，根据公平原则和诚实信用原则予以衡量，并作出裁决。

六、假如合同中没有约定违约金或该违约金的计算方法，守约方应如何主张权利？

《最高人民法院关于审理买卖合同纠纷案件适用法律问题的解释》第18条第4款规定："买卖合同没有约定逾期付款违约金或者该违约金的计算方法，出卖人以买受人违约为由主张赔偿逾期付款损失，违约行为发生在2019年8月19日之前的，人民法院可以中国人民银行同期同类人民币贷款基准利率为基础，参照逾期罚息利率标准计算；违约行为发生在2019年8月20日之后的，人民法院可以违约行为发生时中国人民银行授权全国银行间同业拆借中心公布的一年期贷款市场报价利率（LPR）标准为基础，加计30%~50%计算逾期付款损失。"根据上述司法解释的规定，即使合同双方当事人没有约定违约金或该违约金的计算方法，守约方也可以向人民法院请求违约方支付逾期违约金；在违约金的计算方式约定不明时，人民法院可依据上述司法解释计算违约金。

前事不忘　后事之师

近年来很多人因合同中的违约金比例过高或过低而发生各种各样的纠纷，大家在签订合同时应当对违约金的约定多加注意。若遇到过高或过低的情况，诉讼过程中应当请求人民法院适当调整，以确保自身权益。

裁判文书链接

（2018）内民终454号

（撰稿：谭国炽）

19. 官司输了，可以反告律师要求退还律师费吗？

由于牛魔王经常到处花天酒地，最近又因贩卖微信号被通缉，铁扇公主觉得牛魔王已无可救药，便委托长安律师事务所起诉牛魔王离婚，并分割夫妻共同财产。

长安律师事务所指派小安律师与铁扇公主对接，小安律师了解了铁扇公主与牛魔王之间的情况后，便与铁扇公主签订了《民事委托代理合同》，铁扇公主按合同约定支付了律师费30万元。小安律师按照铁扇公主选择的诉讼方案向天庭提起诉讼，经过一审审理后，玉帝判决牛魔王与铁扇公主不准离婚。而铁扇公主回想起与牛魔王这几百年的感情，也不打算再次起诉离婚了。

但铁扇公主认为既然一审已经判决不准离婚，长安律师事务所就不应该全额收取律师费 30 万元，《民事委托代理合同》为格式合同且长安律师事务所并未告知败诉风险，对其显失公平，故要求长安律师事务所返还律师费 29 万元。而长安律师事务所主张不论结果如何，按照合同约定，一审律师费都是 30 万元。由于双方无法达成一致，铁扇公主只好向天庭提起诉讼，请求返还律师费 29 万元。

玉帝经审理后认为，一方面，铁扇公主为完全民事行为能力人，自愿与长安律师事务所协商一致，并签订《民事委托代理合同》，铁扇公主应当遵守合同约定。另一方面，合同内容没有违反法律强制性规定，律师费收费标准符合《长安律师服务收费标准》，且合同明确约定双方享有的权利与义务，该合同不符合撤销的法定情形。另外，铁扇公主在一审诉讼后未上诉，也未再次起诉离婚，是对自己权利的处分，不能因此将败诉及律师费损失归咎于长安律师事务所。因此，玉帝驳回铁扇公主的全部诉讼请求。

捷高律师有话说

一、本案中的《民事委托代理合同》属于"显失公平"的合同吗？

显失公平，是指一方利用对方处于危困状态、缺乏判定能力等情形，致使民事法律行为成立时权利义务明显失衡。判定显失公平，主观上要求一方有背离诚信原则的故意，客观上要求双方利益显著失衡。

本案的《民事委托代理合同》不符合前述的主客观要件。其一，铁扇公主为与牛魔王离婚而委托长安律师事务所，其客观上并没有处于危困状态，也没有丧失基本的判断能力，与长安律师事务所的合同是在其自愿且意识清醒的情况下订立的。其二，合同的内容已明确告知铁扇公主诉讼存在风险，长安律师事务所及指派律师小安不对诉讼结果作任何承诺，法律后果由铁扇公主承担。其三，铁扇公主与长安律师事务所基于平等民事主体身份协商成立合同关系，其间，长安律师事务所指派专职律师小安为铁扇公主提供专业法律服务，小安律师多次与铁扇公主沟通案件进展情况，利用其自身法律专业知识为铁扇公主提供法律建议，并根据铁扇公主的自主决定开展工作，并无越权代理行为发生。其四，小安律师在履行代理职责过程中并不存在故意隐瞒事实、提供虚假信息或有意误导等行为，不存在背离诚信的主观故意。综上，该《民事委托代理合同》不符合显失公平的要件，不具备撤销的法定情形。

二、律师可以承诺案件结果吗？

答案是不可以。《律师执业管理办法》第 33 条第 1 款："律师承办业务，应当告知委托人该委托事项办理可能出现的法律风险，不得用明示或者暗示方式对办理结果向委托人作出不当承诺。"《律师职业道德和执业纪律规范》第 26 条："律师应当遵循诚实守信的原则，客观地告知委托人所委托事项可能出现的法律风险，不得故意对可能出现的风险做不恰当的表述或做虚假承诺。"诉讼结果会受到诸多因素所影响，其中有可控因素，亦有不可控因素。而律师是依据事实、证据及法律规定等可知因素办理案件，对于不可控、不可知因素，律师是无法掌控的。因此，我国司法部和中华全国律师协会均明文禁止律师对案件结果进行不当承诺。

三、官司输了，律师费能不能退回来？

打官司，是各类诉讼案件的通俗说法。许多当事人在遇到各类诉讼案件时会委托律师作为诉讼代理人，对此双方会签订《民事委托代理合同》，以约定诉讼费用、代理范围及双方的其他权利与义务。该合同与其他合同无异，同样要符合《民法典》的规定，要求双方具备民事主体资格，内容不能违反法律强制性规定；合同一经订立，双方应当遵守，如一方违约，则需承担违约责任。因此，除非双方明确约定，败诉需退还律师费，否则一般情况下，无论诉讼结果如何，已经支付的律师费是不会退还的。

前事不忘 后事之师

律师代理案件，提供的是法律服务，以自己的专业知识和法律技能、经验为委托人争取最大的权益；而在此过程中，委托人接受了法律服务，向律师支付代理费用，这不仅体现了契约精神，亦是委托人对律师工作的一种肯定。

裁判文书链接

（2021）辽 0202 民初 3069 号

（2022）辽 02 民终 637 号

（撰稿：黄艾琳）

20. 就算相撞的两辆车都是我的，保险公司也不能拒绝理赔！

红孩儿是跑车狂热爱好者，名下的跑车少说也有十几辆。铁扇公主作为红孩儿的母亲，偶尔会驾驶红孩儿的跑车外出。

一天，铁扇公主在驾驶红孩儿名下的一辆黄色跑车外出时不小心与前面一辆蓝色跑车追尾相撞，蓝色跑车受损较为严重。慌乱的铁扇公主连忙下车查看，却看见从蓝色跑车驾驶位置下来的竟是红孩儿。红孩儿向铁扇公主表示，两辆车均在长安保险公司处投保了机动车交通事故责任强制险（以下简称"交强险"）、商业第三者责任险、车辆损失险及不计免赔险，而本次事故发生在保险期限内，蓝色跑车的车损是可以向保险公司提出理赔的。很快，交警部门便来到现场对本次事故作出了认定，黄色跑车负事故全部责任，蓝色车辆无责任。但保险公司却称二车的车主均为红孩儿，根据《机动车交通事故责任强制保险条例》第3条规定和双方所签订的保险合同约定，交强险的赔付不适用于被保险人，同一被保险人也不能互为三者，拒绝向红孩儿理赔。红孩儿一听十分生气，便请求玉帝审理该案究竟是否应该理赔。

玉帝经审理后认为，两辆车虽然系同一车主，但两车保险合同的标的是两个独立标的物，依据保险合同所取得的保险利益也应是独立的，故保险公司以两车车主为同一被保险人不适用强制保险和不能互为三者的主张作为拒绝理赔的理由不成立，对红孩儿的主张予以支持。

📢 捷高律师有话说

同一车主的两辆车发生碰撞，保险公司是否应当理赔？

第一，《机动车交通事故责任强制保险条例》第3条规定："本条例所称机动车交通事故责任强制保险，是指由保险公司对被保险机动车发生道路交通事故造成本车人员、被保险人以外的受害人的人身伤亡、财产损失，在责任限额内予以赔偿的强制性责任保险。"该条例明确，交强险保障的对象是作为被保险机动车发生道路交通事故时的受害人，机动车交通事故责任强制保险合同双方以外的第三方，由此可见保障的对象不包含造成事故的本车人员与被保险人。

第二，《中华人民共和国保险法》第12条第2款规定"财产保险的被保险人在保险事故发生时，对保险标的应当具有保险利益"。红孩儿的两辆跑车分别与保险公司签订了交强险合同与商业第三者责任险合同，双方已分别形成保险法律关系，合同双方应按照合同约定履行各自的义务。而根据合同的相对性，无论是交强险合同，还是商业第三者责任险合同，均为"一车一保"，一辆机动车对应一份保险合同，即使是同一被保险人的车辆发生事故，发生事故的机动车之间也构成相对独立的肇事方和受损方，应按照各自的保险合同关系进行处理。因此，即使相撞的两辆跑车的车主均为红孩儿，但两车保险合同的标的作为两个相对独立标的物，依据保险合同所取得的保险利益也应是相对独立的。

第三，从机动车保险合同设立目的来看，交强险具有强制性，具有类似社会保险的性质，其更注重的是及时保障第三人的利益，所有行驶的车辆所有者都必须投保，同时保险公司必须承保而不得拒保，且保险公司的赔偿责任是按照无过错原则确定的。商业第三者责任险的宗旨和核心价值在于确保第三者因交通事故受到伤害和财产损失时能够从保险人处获得救济，以保护不特定的第三者的利益；同时亦是为转移驾驶人的风险与责任，按照过错责任来确定保险人所应当承担的责任。由此可知，上述两种机动车保险合同的设立均为确保第三者的权益能及时受到保障，因此不能因交通事故受到伤害和财产损失的第三者是肇事车辆的被保险人，就剥夺了其受保护的权利。

故根据上述分析可知，同一车主的两车相撞，保险公司应当予以理赔。

前事不忘　后事之师

现代社会一人拥有多台车辆的情况日益增多，车辆驾驶人与所有权人不一的情况时有发生；而同一人名下的两辆车存在由不同驾驶人员驾驶并发生交通事故的可能，保险公司对此情况应当清楚。因此，保险公司不能以此为由拒绝理赔，这显然是不符合我国法律法规的规定，有违立法设立的宗旨与核心价值。

裁判文书链接

（2014）南民初字第1579号

（2014）唐民二终字第2188号

（撰稿：林瑞文）

21. 破坏军人婚姻可是要被判刑的！

托塔天王李靖是天庭的军队统领，经常需要驻扎在天庭部队履行管理军队的职责，因此与妻子柳琵琶聚少离多，家中一切事务均交由柳琵琶管理。

最近，李靖听说柳琵琶在外面与山熊怪有不正当男女关系，马上派人调查。不久后，下属汇报情况属实。李靖怒不可遏，便将柳琵琶驱逐出府，同时将山熊怪上告天庭，要求按破坏军婚罪处置山熊怪。

玉帝审理后认为，山熊怪与柳琵琶发展不正当男女关系持续较长时间，且已达到认定"同居"所要求的"持续、稳定"的程度。而李靖是军人，山熊怪的行为已经构成破坏军婚罪，遂判处山熊怪有期徒刑 1 年 6 个月。

捷高律师有话说

一、"破坏军婚罪"的保护对象

"军婚"是指行为人与我国现役军人缔结的婚姻关系,因此保护的对象为现役军人。现役军人是指中国人民解放军或者人民武装警察部队的现役军官、文职干部、士兵及具有军籍的学员。但是,在军事部门或者人民武装警察部队中工作,却没有取得军籍的人员,以及复员退伍军人、转业军人、残废军人等,都不属于现役军人。

二、"破坏军婚罪"的法律规定

《中华人民共和国刑法》(以下简称《刑法》)第259条第1款规定:"明知是现役军人的配偶而与之同居或者结婚的,处三年以下有期徒刑或者拘役。"在本案中,山熊怪明知道柳琵琶是现役军人李靖的妻子,还与之同居,即触犯了上述法律规定,应以该罪论处。简单来说,无论山熊怪是什么身份,有没有配偶,只要他是与现役军人的配偶同居或结婚的,即是触犯了破坏军婚罪。如果山熊怪同居或结婚的对象的配偶不是现役军人,那么山熊怪则是触犯了重婚罪。

要构成破坏军婚罪,除了行为上要与现役军人的配偶同居或结婚之外,主观上也要明知对方是现役军人的配偶。如果山熊怪不知道柳琵琶是李靖的妻子,那么山熊怪在主观上缺乏故意,缺少犯罪的主观条件,便不能构成该罪。因此,要构成破坏军婚罪,除了有行为亦需要有主观的故意,缺一不可。

三、设定"破坏军婚罪"的意义

因为军人职业的特殊性、使命的特殊性,决定其婚姻家庭关系不同于普通家庭。所以,我国法律对军婚给予特殊保护,依法惩治破坏军婚行为,给现役军人履职提供有效的司法保障,让部队安全稳定,达到稳定军心的作用。

前事不忘 后事之师

我国现役军人为了保家卫国,远离家庭,艰苦奋斗。他人对军人婚姻家庭的破坏,会严重伤害军人及其家属的感情,影响部队的安全稳定和战斗力。同时,即使对方并非现役军人的配偶,基于道德亦不应该与他人配偶发生不正当关系,破坏他人的婚姻关系。

裁判文书链接

最高人民检察院发布七起全国检察机关依法惩治侵犯军人军属合法权益、危害国防利益犯罪典型案例之五:破坏军婚罪

(撰稿:胡婷婷)

22. 居然把我的车给骗走，你这是在犯罪啊！

红孩儿十分喜欢跑车，且家境殷实，红孩儿名下跑车已有 30 辆。为了把跑车充分利用起来，红孩儿成立了名为"车来车往"的车行，开展跑车租赁业务。

一天，金角大王来到店里，希望以 20 万元的价格租用跑车前往外地 3 个月。红孩儿想到车上都装有 GPS 系统，于是欣然同意。二人签订了相关的协议后，金角大王便将跑车开走了。但只过了几天的时间，红孩儿便联系不上金角大王，GPS 系统也未能显示车辆的位置。此时，红孩儿意识到自己可能遭到诈骗，便急匆匆地前往天庭，请求玉帝将金角大王捉拿归案。玉帝接到红孩儿的请求后，便派出天兵天将搜捕金角大王，终于在东海附近找到了在逃的金角大王。

经过一番审讯后，金角大王如实供述了自己的罪行，其在红孩儿处将跑车开走后，便拆除了汽车的定位系统，并将跑车以 30 万元的价格质押给了黑熊怪。

现金角大王的犯罪事实清楚，证据确实充分，金角大王犯合同诈骗罪，玉帝判处其有期徒刑 2 年，并责令其退赔红孩儿经济损失。

捷高律师有话说

一、什么是合同诈骗罪？

《最高人民检察院 公安部关于公安机关管辖的刑事案件立案追诉标准的规定（二）》第 69 条规定："以非法占有为目的，在签订、履行合同过程中，骗取对方当事人财物，数额在二万元以上的，应予立案追诉。"由此可见，要构成合同诈骗罪，客观方面表现为"在签订、履行合同过程中"，如果不是在签订或履行合同期间，而是以虚构事实或者隐瞒真相的方法，骗取对方当事人财物的，则有可能构成诈骗罪。根据《刑法》的规定，合同诈骗罪的主体可以是个人，也可以是任何单位；单位构成此罪的，则对单位直接负责的主管人员和其他直接责任人员判处刑罚，并对单位判处罚金。

二、合同诈骗罪与诈骗罪的区别

从本质上看，合同诈骗罪一种具体的诈骗犯罪，其与诈骗罪是特殊与一般的关系，主要有以下四个不同之处。

第一，侵犯的客体不同。诈骗罪只侵犯财产所有权，是单一客体；而合同诈骗罪既侵犯他人的财产权利，同时又侵犯合同行为管理制度。

第二，犯罪客观方面表现不同。诈骗罪可以表现为虚构任何事实或隐瞒真相，以骗取财物；合同诈骗罪只是在经济合同的签订、履行过程中发生，其欺诈手段有特定范围的特殊性。

第三，犯罪主体不同。诈骗罪限于自然人主体；合同诈骗罪除了可以是自然人主体，还包括了单位主体，且是任何单位。

第四，合同诈骗罪与诈骗罪属于法条竞合，应当遵循特别法优于一般法的原则，在二者竞合时，以合同诈骗罪定罪论处。

三、为什么对金角大王把跑车质押给黑熊怪的行为不作处罚？

原因在于，金角大王并没有对黑熊怪进行诈骗，而是对其骗来的物品（即赃物）作出处置，该行为在刑法理论上属于事后不可罚的行为。简单来说，小偷盗窃金链子后卖给他人并不是为了对他人实施诈骗，而是为了将金链子变现从而获得金钱，我们并不能要求小偷盗窃金链子后都不予变现，因此，对于事后销赃的行为是一种事后不可罚的行为。

但是，并不是所有的事后处理赃物都属于事后不可罚行为。如果在处理赃物的同时构成其他犯罪的则应当数罪并罚，如偷盗文物后又将文物毁坏的，即构成盗窃罪和毁坏文物罪，两罪要并罚。

四、黑熊怪是本案的受害人吗？为什么不给他退赔经济损失？

众所周知，购买车辆后，除了会有车辆登记证书之外，还有行驶证等可以证明车辆权属的证明文件。而黑熊怪作为一个成年的妖怪，在金角大王将车辆质押给自己时，应当尽到足够的注意义务，要求金角大王提供车辆权属的相关证件，或到有权机关核实车辆的权属情况，但显然黑熊怪并没有这样做，而是很爽快地把钱交付给了金角大王且收取质押物，黑熊怪的行为不能认定为对质押物的善意取得，故不能认定为被骗的被害人，既然不能将黑熊怪认定为被害人，那么黑熊怪就要对自己的损失承担风险。

前事不忘　后事之师

现今社会，人们法律意识越来越强，在交易的过程中一般都会签订相关的合同以保障自身的合法权益，但骗子的诈骗方式也随着时代的进步而进步，诈骗手法层出不穷，令人防不胜防。因此，国家对诈骗一事相当重视，除了日常大力宣传"反诈骗"常识外，更推出了相关 App 供群众使用，希望广大群众也能重视自身合法权益，及时下载相关 App 并学习相关知识，避免自身财产遭受损失。

裁判文书链接

（2019）冀 0502 刑初 248 号

（撰稿：谭平）

23. 反击他人的行为是否构成正当防卫？

一天，哪吒与东海龙王三太子敖丙由于琐事发生了激烈的冲突。对此，敖丙心存怨念，便在某天晚上持刀冲进哪吒家中，企图伤害哪吒。幸好哪吒反应及时，才逃过敖丙的致命一击，但依然被敖丙砍中肩膀。敖丙见未能一击即中，便继续追砍哪吒，无奈之下，哪吒只能反击，取出火尖枪将敖丙击倒在地。见敖丙倒地不再攻击自己后，哪吒便拨打报警电话并在现场等待警察到来。之后，敖丙被送往医院救治，但因被利器刺破心脏致失血性休克死亡。

遭受丧子之痛的东海龙王上告天庭，要求玉帝严惩哪吒，治其故意杀人之罪。玉帝经审查后认为，该事件的发生由敖丙引起，哪吒针对敖丙实施的严重不法侵害作出的反击，属于正当防卫，因此宣告哪吒无罪。

捷高律师有话说

一、什么是正当防卫？

《刑法》第 20 条第 1 款规定："为了使国家、公共利益、本人或者他人的人身、财产和其他权利免受正在进行的不法侵害，而采取的制止不法侵害的行为，对不法侵害人造成损害的，属于正当防卫，不负刑事责任。"

根据上述法律的规定，要构成正当防卫需要同时具备下列五个要件才得以成立：

第一，不法侵害现实存在，如敖丙持刀向哪吒砍去；

第二，不法侵害正在进行，如敖丙正在追砍哪吒；

第三，具有防卫意识，如哪吒意识到敖丙正在砍他，其出于保护自己的目的对敖丙进行反击；

第四，防卫针对侵害人，如哪吒的反击只是针对敖丙，并非其他人；

第五，没有明显超过必要限度，如敖丙一心想置哪吒于死地，针对该严重危及哪吒人身安全的暴力犯罪所进行的防卫，则属于正当防卫的范围内。

本案中，敖丙正是那个正在对哪吒进行不法侵害之人，哪吒对敖丙的行为即属于正当防卫。

二、正当防卫与防卫过当的界限

《最高人民法院 最高人民检察院 公安部关于依法适用正当防卫制度的指导意见》的规定，对于正当防卫的界限标准，应当准确把握是否构成防卫过当的认定条件，故正当防卫与防卫过当的界限，需要以是否同时具备"明显超过必要限度"和"造成重大损害"两个条件加以认定。若同时具备上述两个条件

百姓身边的法律小故事

的，则构成防卫过当，即防卫措施的强度与侵害的程度相差悬殊，则成立防卫过当。

《刑法》第 20 条第 2 款规定："正当防卫明显超过必要限度造成重大损害的，应当负刑事责任，但是应当减轻或者免除处罚。"

三、本案中，哪吒的防卫属于什么性质？

哪吒的防卫属于正当防卫。《刑法》第 20 条第 3 款规定："对正在进行行凶、杀人、抢劫、强奸、绑架以及其他严重危及人身安全的暴力犯罪，采取防卫行为，造成不法侵害人伤亡的，不属于防卫过当，不负刑事责任。"本案中，敖丙对哪吒实施不法侵害，在第一次砍向哪吒时，见并未造成哪吒要害受伤，便继续进行第二次追砍哪吒的行为，这显然具备杀人的故意。因此，在此情况之下，哪吒对其进行反击的行为是针对敖丙的暴力杀人行为，符合上述法律的规定，不属于防卫过当，不负刑事责任。

前事不忘　后事之师

我国法律设立正当防卫，是鼓励和保护正当合法的行为，允许在法律规定的范围内，让防卫人对不法侵害人造成一定的伤害。但应当要注意在合理的限度内，因为正当防卫不是"以暴制暴"，而是"以正对不正"。

因此，万一运气不好遭遇他人的不法侵害，在能够躲开伤害的情况下，理应及时向公安机关求助，而非采取"以暴制暴"的手段去暴力压制。

裁判文书链接

指导案例 144 号：张那木拉正当防卫案

（撰稿：黄怡靖）

24. 一不小心就会触犯刑事诈骗的"一房二卖"

猪八戒此前被天庭判决需要偿还牛魔王的 88 万元借款及利息。为了能尽快履行生效判决，猪八戒将名下房屋以 50 万元的价格出售给百花羞，并与其签订《房屋买卖合同》。合同签订后，百花羞马上将全部购房款转至猪八戒账户。

但令百花羞没想到的是，猪八戒随后又将该房屋以 55 万元的价格卖给了钱老板，不仅收取了全额房款还与钱老板办理完成房屋过户手续。之后猪八戒跑到大师兄孙悟空的水帘洞躲了起来。

百花羞因无法联系上猪八戒，于是前往天庭报案，请求玉帝主持公道。玉帝派出南斗星君立案侦查，务必要找出猪八戒的下落。

猪八戒在躲藏期间也没闲着，与妻子商量后，决定将妻子名下的房子过户给百花羞。百花羞在对比了两套房屋的地段及面积之后，同意按上述办法解决，不再追究猪八戒的责任。

在处理完成与百花羞的房屋过户事宜之后，猪八戒前往天庭向玉帝解释清楚此事。玉帝了解事情的来龙去脉之后，认为猪八戒此举已构成合同诈骗罪，虽然事后已积极履行与百花羞的合同，但此前的行为已触犯刑法。念其初犯，事后又积极履行合同，主动自首，确有悔罪表现，便对猪八戒作出宽大处理的决定。

捷高律师有话说

一、何为"一房二卖"？

"一房二卖"顾名思义就是出卖人将同一房屋分别出售给了两个不同的买受人。如本案一样，猪八戒（出卖人）的一套房屋先后卖给了百花羞（买受人）和钱老板（买受人），并且都签订了《房屋买卖合同》及收取了购房款。

我国法律禁止"一房二卖"，因此猪八戒在实施该行为后，必须承担相应法律责任。

二、造成"一房二卖"的原因

"一房二卖"现象频繁出现的主要原因有以下四点。

第一，诚信的缺失，社会上不乏不讲真话、不守信用、弄虚作假等现象。

第二，利益的驱使，人的行为在很大程度上受经济利益的驱动，出卖人往往期望通过"一房二卖"而获得较大的利润。

第三，侥幸的心理，出卖人对法律的认识不健全，认为即使"一房二卖"

的行为被发现，也只需承担民事责任，赔钱了事即可。

第四，信息的不对称，在房屋交易过程中，买受人往往处于相对被动的地位，因此实践中，普遍存在出卖人与买受人之间交易信息不对称的现象，从而给出卖人操作"一房二卖"留有可乘之机。

三、"一房二卖"的两份买卖合同是否有效？

虽然我国法律禁止"一房二卖"，但由于房屋买卖合同受到《民法典》的调整，各方签订的合同只要是各方当事人的真实意思表示，且不违反法律法规的强制性规定，均应认定为合法有效，各方均应按照合同约定履行各自的义务。在司法实践中，如果出卖人就房屋的出售分别签订多份买卖合同，在合同均有效的前提下，买受人均要求继续履行合同的情况下，原则上应按照以下顺序确定履行合同的买受人：①已经办理房屋所有权转移登记的合同优先；②均未办理房屋所有权转移登记，已经实际合法占有房屋的合同优先；③均未办理房屋所有权转移登记，又未合法占有房屋的，应综合考虑各买受人实际付款数额的多少及先后、是否办理了网签、合同成立的先后等因素，公平合理地确定。

四、"一房二卖"的法律后果

第一，民事责任。本案中，如果猪八戒只是单纯为了能以更高的价格出售房屋，获得更高的利润，而不是为将百花羞的购房款非法占为己有，那么该纠纷应属于民事法律关系调整的范畴，百花羞可以请求猪八戒继续履行合同或要求返还已支付的购房款及利息，并要求赔偿损失。

第二，刑事责任。实施"一房二卖"行为的出卖人，在签订、履行房屋买卖合同的过程中，如果存在虚构事实、隐瞒真相的行为，以非法占有为目的，企图骗取买受人数额较大财物的，则构成合同诈骗罪。

本案中，猪八戒在出售房屋后，为了偿还债务，主观上产生了非法占有百花羞的购房款的目的，没有积极地与百花羞协商解决问题，反而为逃避责任关闭了所有联系方式，跑到水帘洞藏了起来。虽然，猪八戒在得知百花羞报案后，主动与百花羞取得联系并履行了合同义务，但该行为属于事后的退赃行为，不影响猪八戒有非法占有百花羞购房款的主观故意的认定，并且涉案金额巨大。因此，猪八戒构成了"合同诈骗罪"。

五、日常生活中如果遇到"一房二卖"情况，买受人该如何处理？

现实生活中，遇到类似本案的情况，如果认为涉及合同诈骗，应当参照百花羞的做法，立刻向公安机关报案，要求立案侦查。如果能够与出卖人取得联系，可以选择协商解决，协商不成的，理应果断走法律程序，保留相关证据提起诉讼并申请财产保全，以维护自身合法权益。

前事不忘　后事之师

购房者在购房前，应当慎重审核买卖房屋的权属等情况，并签订正规、完备的房屋买卖合同并在房管局进行备案，及时办理房产变更登记。

裁判文书链接

（2016）苏0925刑初356号
（2017）苏09刑终293号

（撰稿：黄洁梅）

25. 拒不履行生效裁判文书要承担刑事责任

九头精怪与牛魔王由于买卖合同纠纷闹上了天庭，经过玉帝的调解后，双方达成了调解协议并由天庭出具了民事调解书，确认九头精怪于60日内偿还牛魔王货款100万元。

但60日过去了，九头精怪仍未按时履行民事调解书义务，于是牛魔王便向天庭申请执行九头精怪的财产，天庭于当日立案。其后，天庭执行部门按照法律规定向九头精怪送达执行通知书、传票，责令其履行生效法律文书确定的义务，并传唤其于3日内到天庭处理执行事宜。然而九头精怪收到天庭传票后，并没有按时到天庭，反而立即将名下一辆价值50万元的车牌号码为长安1188的车辆过户至万圣公主名下。

天庭执行部门获知此事后，立刻下达执行裁定书，裁定查封、锁定、扣押

百姓身边的法律小故事

车牌号码为长安1188的车辆；并且将此案交由天庭公诉机关处理。公诉机关收到材料后向天庭指控九头精怪构成拒不执行判决、裁定罪，应当按照法律规定定罪处罚。

玉帝经审理后认为，九头精怪不仅没有在民事调解书确定的履行义务期间主动履行义务，反而在明知天庭要对案件强制执行的情况下，仍不主动履行义务并将财产转移，导致民事调解书确定的内容无法履行，致使生效的民事调解书没有得到任何的执行，严重损害法律的严肃性和司法机关的权威，其行为构成拒不执行判决、裁定罪。

捷高律师有话说

一、什么是拒不执行判决、裁定罪？

《刑法》第313条第1款规定："对人民法院的判决、裁定有能力执行而拒不执行，情节严重的，处三年以下有期徒刑、拘役或者罚金；情节特别严重的，处三年以上七年以下有期徒刑，并处罚金。"

同时，为了依法惩治拒不执行判决、裁定犯罪，确保人民法院判决、裁定依法执行，切实维护当事人合法权益，《最高人民法院关于审理拒不执行判决、裁定刑事案件适用法律若干问题的解释》对拒不执行判决、裁定罪的管辖地、和解或撤诉等作出了详细的规定。

二、民事调解书具有法律效力吗？

人民法院的民事调解书是人民法院行使审判权的结果，是根据双方自愿和合法的原则，在查清事实的基础上，通过调解促使当事人达成协议而制作的法律文书。调解结案属于人民法院解决纠纷、审结案件的一种方式，调解书具有与生效判决书同等的法律效力。因此，生效调解书也属于拒不执行判决、裁定罪的判决、裁定范畴。

三、是不是只要不履行生效的裁判文书就构成拒不履行判决、裁定罪？

不是的。结合本案及上述法律规定及解释可知，行为主体的行为表现必须是对人民法院的生效裁判文书有能力执行而拒不执行。也就是说，九头精怪在明明有能力履行或部分履行民事调解书的情况下，仍拒不履行，反而将名下财产转移到万圣公主名下，其行为属于隐藏、转移财产，因此构成拒不执行判决、裁定罪。九头精怪的行为已严重妨害司法秩序，严重损害法律的严肃性和司法机关的权威，其行为应当受到法律追究，构成拒不执行判决、裁定罪。

前事不忘　后事之师

我国法律的严肃性和司法机关的权威不容任何人以任何形式加以损害。在被执行人有财产的情形仍拒不履行裁判文书的，将会受到法律的制裁，按照相关的法律规定来定罪处罚。但如果被执行人名下真的是没有任何财产的，无力执行生效裁判的，法律亦不会强人所难对被执行人判处刑罚；但会将被执行人列入失信被执行人名单，依法对其进行信用惩戒、限制其高消费并予以公告。待被执行人履行完毕之后，才予以解除。

裁判文书链接

（2019）陕0104刑初447号

（2019）陕01刑终785号

（撰稿：谭国炽）

26. 非法入侵他人住宅还要安装摄像头？你这是想被判刑吧！

九头精怪在一家公司从事水电维修工作，工作中，九头精怪竟被同事九尾狐狸的美色迷住，还利用工作便利偷偷配了一把九尾狐狸宿舍的钥匙，潜入其宿舍将针孔摄像头安装在九尾狐狸的房间里进行偷窥。

一天，九头精怪发现摄像头出现了故障，于是确认九尾狐狸在上班后，为了调试摄像头再次用偷配的钥匙进入九尾狐狸的宿舍，并反锁房门。怎料，忘记拿文件的九尾狐狸突然回到了宿舍，发现大门怎么也打不开，于是便叫来了保安打开了大门，而藏身于房间内的九头精怪也被当场抓获。

九尾狐狸与保安将九头精怪扭送到玉帝面前，玉帝经查后发现，原来九头精怪在九尾狐狸的宿舍内安装了摄像头并已经偷窥了一个多月，惊闻真相的九尾狐狸又怕又怒，大哭着请求玉帝严惩九头精怪这偷窥狂。

本案人证物证俱全，玉帝便依照相关法律认定九头精怪的非法侵入住宅罪成立，判处其拘役5个月，缓刑5个月，并要求其因侵犯九尾狐狸的个人隐私权而道歉、赔偿。

捷高律师有话说

一、什么是"非法侵入住宅罪"？

非法侵入住宅罪，是指违背住宅内成员的意愿或无法律依据，进入公民住宅，或进入公民住宅后经要求退出而拒不退出的行为。《中华人民共和国宪法》第39条规定："中华人民共和国公民的住宅不受侵犯。禁止非法搜查或非法侵入公民的住宅。"《刑法》第245条第1款规定："非法搜查他人身体、住宅，或者非法侵入他人住宅的，处三年以下有期徒刑或者拘役。"

二、"住宅"的定义

住宅是指供家庭生活并与外界相对隔离的房屋，前者为功能特征，后者为场所特征。在解释住宅时必须以此为标准，公民以居住为目的的封闭空间都应当被定义为住宅。

三、"住宅"的外延

住宅的结构存在多样性。现实中，有公寓式的商品房、独门独院的洋房、没有围墙的房屋，以及临时的棚子、帐篷、小木屋等，这些都可以被称为住宅。结合生活及工作的特点，住宅不仅限于地上建筑物，一些特定的供人居住和生活之用的空间，也应被视为住宅。例如，有些用于捕鱼的船只，其既是生产工具，又是生活居住的空间，也可作为住宅；又如前铺后居的小店，在小店关门休息时，公民在店里休息，也是住宅。

因此，对于"住宅"的定义可以简单地理解为，该空间只要为公民居住的范围，便可认定为住宅。

四、是否具有所有权才能被认定为"住宅"？

住宅不强调所有权，是否拥有所有权并不影响居住权，生活中可能存在居住者住宅私有、共同共有以及借住、租住、公有等多种形式，只要是合法居住者都存在居住的安宁权和其他相关私权利。

五、非法侵入住宅罪的犯罪形态

非法强行闯入他人住宅，即以"侵入"为条件构成犯罪的行为，是行为犯。如本案中，九头精怪未经过九尾狐狸的允许，私自配备钥匙，偷偷潜入九尾狐狸的宿舍，符合"侵入"的构成条件，属于非法侵入。

经要求退出而无理由拒不退出他人住宅，即以"拒不退出"为条件构成犯罪的，是继续犯。该行为人进入他人住宅时得到了主人的允许，属于合法行为；但在住宅主人要求其退出住宅时，行为人拒不退出的，其侵害住宅安宁权是一种持续行为。只要行为人不退出住宅，就使得侵害或威胁住宅安宁权的状态一直持续，即构成犯罪既遂。

前事不忘　后事之师

现实生活中，个别人员可能不把"私闯民宅"放在心上，甚至为了满足自己的私欲做一些违法违纪的事情，却不承想该行为有可能严重妨碍他人居住安全与生活安宁，已经涉嫌犯罪，会被追究刑事责任。

裁判文书链接

（2020）京 0101 刑初 129 号

（撰稿：黄艾琳）

27. 组建微信群抢红包竟有可能构成开设赌场罪！

长安客栈的钱老板是微信抢红包功能的忠实用户，但钱老板不满足于每天只抢那几十块钱的小红包，他想到一个"好办法"——自己组建微信群组，组织喜欢抢红包的人进群，通过自己代发红包，让大家来抢，抢到数额最低的那个人发下一个固定金额的红包给他，再由他代发，以此类推。同时钱老板又规定了每个红包金额中的 5 元要提现出来，作为自己代发红包的辛苦费。制定规矩后，钱老板便开始了他的"抢红包、赚大钱"之路。

该红包群组一经推出，就受到了人们的热烈追捧，加入群组的人越来越多，钱老板又叫来店小二帮忙。随着时间的推移，长安大街上的大部分居民、小档摊主每天都沉迷于抢红包。长安热心群众卯二姐看在眼里，痛在心里，决定实名向天庭举报，请求玉帝对微信群组抢红包的行为予以查处、整顿。

玉帝接到卯二姐的举报后，立刻派天兵天将前往长安大街调查、取证，并且将钱老板和店小二带来天庭询问。经过一番查证及询问后，玉帝认定钱老板以营利为目的，利用手机网络在微信上组建群组，开设赌场，从中抽头获利的行为已构成犯罪，店小二为此提供帮助属于从犯，故判决二人构成开设赌场罪，定罪处罚。

📢 捷高律师有话说

一、什么是开设赌场罪

《刑法》第 303 条规定："以营利为目的，聚众赌博或者以赌博为业的，处三年以下有期徒刑、拘役或者管制，并处罚金。开设赌场的，处五年以下有期徒刑、拘役或者管制，并处罚金；情节严重的，处五年以上十年以下有期徒刑，并处罚金。组织中华人民共和国公民参与国（境）外赌博，数额巨大或者有其他严重情节的，依照前款的规定处罚。"其中第 2 款规定的就是开设赌场罪。开设赌场罪在主观方面表现为故意，并且以营利为目的，即行为人聚众赌博、开设赌场或者一贯参加赌博是为了获取钱财，而不是为了消遣、娱乐。在客观方面表现为聚众赌博、以赌博为业和开设、经营赌场的行为。由于现今网络时代的高速发展，行为人也会在计算机网络上建立赌博网站，或者为赌博网站担任代理，接受投注，以网上形式或接受电话投注的方式进行赌博，尽管参与者并未集中在一起，也属于开设赌场。但值得注意的是，经营场所如持有相关营业执照，为顾客提供棋牌室等娱乐场所，且只收取正常的场所和服务费的，不构成开设赌场罪。

二、为什么在微信上组群抢红包也会构成开设赌场罪？

第一，如果是单纯地在微信群组里面发红包、抢红包等供人娱乐、活跃气氛的行为，是符合生活常理的，是法律所允许的。但如果像钱老板一样，建立微信群并制定赌博规则，通过微信抢红包的方式定输赢，并按照输赢比例抽头获利，即是一种为赌博提供场所、设定赌博方式、运筹赌博资金的组织赌博行为，是将合法的普通娱乐变成了非法牟利的犯罪手段。

第二，《最高人民法院、最高人民检察院关于办理赌博刑事案件具体应用法律若干问题的解释》第2条规定：以营利为目的，在计算机网络上建立赌博网站，或者为赌博网站担任代理，接受投注的，属于《刑法》第303条规定的"开设赌场"。法律也一直在适应时代变迁，微信群组虽然属于虚拟空间，但如果是被用作赌博的场所，则符合上述解释规定的利用计算机网络开设赌场的行为。

第三，钱老板组建微信群组的目的是为他人赌博提供场所并从中获利，且微信群里有严密的组织和明确的分工，赌博方式也是由钱老板事先决定并为此制定了赌博流程，同时该微信群在一定时间内持续存在，具有稳定性。因此，钱老板建立微信群组供他人赌博的行为明显构成开设赌场罪。

前事不忘 后事之师

微信群抢红包功能本来是供大伙活跃气氛使用的，却被不法分子用作谋取利益的工具，使娱乐的性质发生了变化。因此提醒大家在生活中，要学会带着娱乐的心态去对待红包，而不是寄望靠抢红包赚钱发财，让自身陷入赌博之中。

📖 裁判文书链接

（2015）丽莲刑初字第 799 号

（2015）浙丽刑终字第 254 号

（撰稿：胡婷婷）

28. 强买强卖居然要坐牢！

流沙河房地产公司开发的"幸福春天"小区即将交房，银角大王得知后，随即联系沙僧商谈承揽建筑垃圾短驳清运业务并获得了沙僧的同意。随后，银角大王便组织人员在业主陆续开始装修时进场进行建筑垃圾短驳清运。但让人意外的是，银角大王等人借机获取业主装修信息，并发放敲墙钻洞业务名片。其后，银角大王等人或冒充物业人员，或采用言语威胁、阻挠施工等"软暴力"手段，多次迫使业主接受高价敲墙钻洞服务。部分业主向12345市民热线投诉并报警，称小区存在"敲墙党"。

作为小区业主的杨戬认为银角大王等人的行为已经涉嫌违法，故选择向天庭报案。玉帝审理后认为，银角大王等人先后采用威胁、滋扰等手段强迫他人接受敲墙、钻洞等服务17次，情节特别严重，应当以强迫交易罪追究刑事责任，系共同犯罪，且已形成恶势力犯罪集团，故按照法律规定判处银角大王等人相关的刑事处罚。

📣 捷高律师有话说

一、强买强卖的后果

《中华人民共和国治安管理处罚法》（以下简称《治安管理处罚法》）第46条规定："强买强卖商品，强迫他人提供服务或者强迫他人接受服务的，处五日以上十日以下拘留，并处二百元以上五百元以下罚款；情节较轻的，处五日以下拘留或者五百元以下罚款。"《刑法》第226条规定："以暴力、威胁手段，实施下列行为之一，情节严重的，处三年以下有期徒刑或者拘役，并处或者单处罚金；情节特别严重的，处三年以上七年以下有期徒刑，并处罚金：（一）强买强卖商品的；（二）强迫他人提供或者接受服务的；（三）强迫他人参与或者退出投标、拍卖的；（四）强迫他人转让或者收购公司、企业的股份、债券或者其他资产的；（五）强迫他人参与或者退出特定的经营活动的。"根据上述法律规定可知，"强买强卖"是指行为人在商品或服务交易中以暴力、威胁手段强迫他人把不愿意出售的物品或服务卖给行为人，或者强迫他人向行为人购买不愿意购买的商品或服务的行为。前者一般是行为人以低价强买，后者一般是行为人以高价强卖，其目的都是非法获利。

"强买强卖"行为情节严重的，会构成《刑法》规定的"强迫交易罪"，"情节严重"是指经常以暴力、威胁手段强买强卖或者强迫他人提供或者接受服务，造成恶劣的社会影响、受害人精神失常、获取非法利益数额巨大的等等。一旦构成"强迫交易罪"，将会被判处相应的刑罚。

二、关于恶势力犯罪集团的认定

根据《最高人民法院、最高人民检察院、公安部、司法部关于办理黑恶势力刑事案件中财产处置若干问题的意见》的相关规定，"恶势力"是指经常纠集在一起，以暴力、威胁或者其他手段，在一定区域或者行业内多次实施违法犯罪活动，为非作恶，欺压百姓，扰乱经济、社会生活秩序，造成较为恶劣的社会影响，但尚未形成黑社会性质组织的违法犯罪组织。

但"恶势力"并非《刑法》所规定的单独罪名，而是以具体违法犯罪事实为基础，对特殊犯罪团伙所作的刑事政策性评价。认定"恶势力"应当同时满足组织、手段、行为及影响这四个方面的要件：①组织要件为三人以上，除纠集者外至少一名成员相对固定；②手段要件为暴力、威胁或者其他手段；③行为要件为在一定区域或者行业多次实施违法犯罪活动，为非作恶，欺压百姓；④影响要件为扰乱经济、社会生活秩序，造成较为恶劣的社会影响。

本案中，银角大王等人在"幸福春天"小区内多次通过暴力、威胁等手段向业主进行强迫交易多达数次并从中获利；该行为情节严重，造成社会恶劣影响，不仅构成了"强迫交易罪"，同时亦符合"恶势力"的四个构成要件，形成了"恶势力犯罪集团"，应当按照相关的规定定罪处罚。

前事不忘　后事之师

当我们在日常生活中遇到"强买强卖"时，不要因为对方的蛮横狡猾而选择忍气吞声，也不要与对方发生激烈的肢体冲突。而是应当视现实情况而定，注意收集对方"强买强卖"的客观有效证据，在保证自身安全的情况下，联系当地的消费者协会进行投诉或向公安机关报警，用法律武器维护自己的合法权益。

📖 裁判文书链接

（2019）沪0112刑初274号

（2019）沪01刑终1387号

（撰稿：林瑞文）

📊 29. 出借"微信收款码",怎就成了"帮凶"?

一天,龟丞相闲来无事在玩微信摇一摇,摇到了一条来自"锦鲤大神"的信息,说是可以让他"锦鲤附体",每天手机点点就能有钱赚。这样轻松好赚的钱自然是让龟丞相心动不已,于是龟丞相通过了好友验证。随即"锦鲤大神"开始向他介绍工作任务,只需要龟丞相提供收款银行卡、微信收款二维码等帮助其收款,再给指定账户汇款,就可以给龟丞相12%的提成,成功的话还额外奖励200元。

于是龟丞相将自己名下的4张银行卡,提供给对方使用,累计收取对方资金30余万元,并将收到的钱款转入对方提供的账户内,从中提成3万多元。其间,其银行卡多次因涉嫌犯罪被冻结,龟丞相又召集身边的好友一起为"锦鲤大神"提供转账服务。

结果还没等来"锦鲤附体"的暴富，龟丞相却等来了天庭的"限量版银手镯"。本案经玉帝审理，龟丞相因明知他人利用信息网络实施犯罪，仍为其犯罪提供帮助，其行为已构成帮助信息网络犯罪活动罪，对其依法判处有期徒刑，并处罚金。

捷高律师有话说

一、什么是帮助信息网络犯罪活动罪？

帮助信息网络犯罪活动罪是《刑法修正案（九）》增设的一个罪名，自2015年11月1日起开始施行。《刑法》第287条之二规定："明知他人利用信息网络实施犯罪，为其犯罪提供互联网接入、服务器托管、网络存储、通讯传输等技术支持，或者提供广告推广、支付结算等帮助，情节严重的，处三年以下有期徒刑或者拘役，并处或者单处罚金。单位犯前款罪的，对单位判处罚金，并对其直接负责的主管人员和其他直接责任人员，依照第一款的规定处罚。有前两款行为，同时构成其他犯罪的，依照处罚较重的规定定罪处罚。"

二、如何认定《刑法》第287条之二规定的"行为人明知他人利用信息网络实施犯罪"？

《最高人民法院、最高人民检察院关于办理非法利用信息网络、帮助信息网络犯罪活动等刑事案件适用法律若干问题的解释》第11条规定："为他人实施犯罪提供技术支持或者帮助，具有下列情形之一的，可以认定行为人明知他人利用信息网络实施犯罪，但是有相反证据的除外：（一）经监管部门告知后仍然实施有关行为的;(二)接到举报后不履行法定管理职责的;(三)交易价格或者方式明显异常的;(四)提供专门用于违法犯罪的程序、工具或者其他技术支持、帮助的;(五)频繁采用隐蔽上网、加密通信、销毁数据等措施或者使用虚假身份,逃避监管或者规避调查的;(六)为他人逃避监管或者规避调查提供技术支持、帮助的;(七)其他足以认定行为人明知的情形。"

对于是否构成"行为人明知他人利用信息网络实施犯罪"系根据行为人出售、出租信用卡、银行账户、非银行支付账户（微信、支付宝），或者他人手机卡等的次数、张数,并结合行为人的认知能力、既往经历、与实施信息网络犯罪的行为人的关系、帮助的时间和方式、获利的情况以及行为人的供述等主客观因素,综合予以认定。

龟丞相在明知与"锦鲤大神"的交易方式和价格都明显异常的情况下,仍然出借其银行卡账户,应认定其行为为"明知他人利用信息网络实施犯罪"。

三、还有哪些行为属于《刑法》第287条之二规定的"帮助"行为？

《最高人民法院 最高人民检察院 公安部关于办理电信网络诈骗等刑事案件适用法律若干问题的意见（二）》第七条规定：为他人利用信息网络实施犯罪而实施下列行为,可以认定为《刑法》第287条之二规定的"帮助"行为：①收购、出售、出租信用卡、银行账户、非银行支付账户、具有支付结算功能的互联网账号密码、网络支付接口、网上银行数字证书的；②收购、出售、出租他人手机卡、流量卡、物联网卡的。虽然全国多地公安机关和金融机构对买卖、出租个人银行账户、手机卡等行为大力打击,但还是有不法分子实施诈骗、洗钱等不法行为。

四、如何认定《刑法》第 287 条规定的"情节严重"？

《最高人民法院、最高人民检察院关于办理非法利用信息网络、帮助信息网络犯罪活动等刑事案件适用法律若干问题的解释》（法释〔2019〕15 号）第 12 条规定：明知他人利用信息网络实施犯罪，为其犯罪提供帮助，具有下列情形之一的，应当认定为《刑法》第 287 条之二第一款规定的"情节严重"：①为三个以上对象提供帮助的；②支付结算金额 20 万元以上的；③以投放广告等方式提供资金 5 万元以上的；④违法所得 1 万元以上的；⑤二年内曾因非法利用信息网络、帮助信息网络犯罪活动、危害计算机信息系统安全受过行政处罚，又帮助信息网络犯罪活动的；⑥被帮助对象实施的犯罪造成严重后果的；⑦其他情节严重的情形。

虽然综合考虑社会危害程度、认罪悔罪态度等情节，认为犯罪情节轻微的可以不起诉或者免予刑事处罚，情节显著轻微危害不大的不以犯罪论处，但根据《最高人民法院关于出借银行账户的当事人是否承担民事责任问题的批复》（已失效）的规定，出借银行账户是违反金融管理法规的违法行为。人民法院应当依法收缴出借账户的非法所得并可以按照有关规定处以罚款外，还应区别不同情况追究出借人相应的民事责任。

前事不忘　后事之师

随着科学技术的飞速发展，人们的生活无一不与互联网相关联。互联网的进步给人民生活带来巨大便利的同时，也给犯罪分子提供了可乘之机，帮助信息网络犯罪活动的事件也随之增加。出售、出借银行卡账号不仅仅涉嫌"帮信罪""诈骗罪"等刑事犯罪，还涉及民事法律责任，因此不要为了贪图小便宜去触碰法律底线，切记"天上不会掉馅饼，从来致富靠辛勤"。

📖 裁判文书链接

（2021）豫 0223 刑初 300 号

（2021）豫 1503 刑初 470 号

（撰稿：欧阳翠桦）

30. 在网络上造谣传谣有可能构成"网络型"寻衅滋事罪

近日，百花羞的女儿小宝每天放学回到家都郁郁寡欢、精神不振，却又不告知百花羞原因，百花羞误以为女儿在学校受到了老师嫦娥仙子的责骂与体罚。为此，百花羞先后在微信班级群发布威胁、辱骂嫦娥仙子的言论和图片，要求嫦娥仙子向小宝赔礼道歉，但嫦娥仙子坚称自己没有对小宝进行责骂与体罚。为提高网络关注度，百花羞找到银角大王，向其提供金钱购买增粉、点赞及转发等服务，要求银角大王把此事扩散。银角大王一看只需要每天发发帖子、转发及点赞就能获得报酬，便欣然接受，并建立了非法网络平台以达到百花羞的目的。经银角大王一番操作后，附有虚假信息的帖子在微博热搜被网友阅读5.4亿次，讨论 19.6 万次，引发网络舆情。

事件越演越烈，嫦娥仙子无奈只能向玉帝寻求帮助，请求玉帝为其查明真相，还其公道。

经过玉帝一番审讯及调查后，发现嫦娥仙子并没有对小宝进行责骂与体罚，小宝精神萎靡只是因为学业压力过重所致。百花羞也承认自己没有掌握嫦娥仙子体罚小宝的证据，自己愿意向嫦娥仙子道歉并接受处罚。而银角大王却声称自己只是接受百花羞的委托，向其提供转发帖子及点赞等服务赚取报酬，对于事情的真假自己并不知情。

玉帝认为，网络空间是现实社会的组成部分，银角大王为牟取利益在信息网络上帮助他人散布虚假信息，不但引发了网络秩序混乱，还导致社会公共秩序混乱，遂判决银角大王与百花羞构成寻衅滋事罪。

捷高律师有话说

一、寻衅滋事与寻衅滋事罪的区别

（1）寻衅滋事，指行为人结伙斗殴的，追逐、拦截他人的，强拿硬要或者任意损毁、占用公私财物的、其他寻衅滋事的行为。适用《治安管理处罚法》。

（2）寻衅滋事行为有下列情形之一的，构成寻衅滋事罪：①随意殴打他人，情节恶劣的；②追逐、拦截、辱骂、恐吓他人，情节恶劣的；③强拿硬要或者任意损毁、占用公私财物，情节严重的；④在公共场所起哄闹事，造成公共场所秩序严重混乱的。适用《刑法》。

（3）寻衅滋事与寻衅滋事罪承担的责任不一样。

第一，寻衅滋事：行为人的寻衅滋事行为未达到犯罪标准的，按照《治安管理处罚法》第26条规定处罚："……处五日以上十日以下拘留，可以并处五百元以下罚款；情节较重的，处十日以上十五日以下拘留，可以并处一千元以下罚款……"

第二，寻衅滋事罪：行为人的寻衅滋事行为达到犯罪标准的，处5年以下有期徒刑、拘役或管制。

第三，竞合犯的处理：实施寻衅滋事行为，同时符合寻衅滋事罪和故意杀人罪、故意伤害罪、故意毁坏财物罪、敲诈勒索罪、抢夺罪、抢劫罪等罪的构成要件的，依照处罚较重的犯罪定罪处罚。

第四，减轻情节：行为人认罪、悔罪，积极赔偿被害人损失或者取得被害人谅解的，可以从轻处罚；犯罪情节轻微的，可以不起诉或者免予刑事处罚。

二、为什么在网上发帖、转发也会构成犯罪？

《最高人民法院 最高人民检察院关于办理利用信息网络实施诽谤等刑事案件适用法律若干问题的解释》第5条规定："利用信息网络辱骂、恐吓他人，情节恶劣，破坏社会秩序的，依照《刑法》第293条第1款第（二）项的规定，以寻衅滋事罪定罪处罚。编造虚假信息，或者明知是编造的虚假信息，在信息网络上散布，或者组织、指使人员在信息网络上散布，起哄闹事，造成公共秩序严重混乱的，依照《刑法》第293条第1款第（四）项的规定，以寻衅滋事罪定罪处罚。"

网络空间是现实社会的组成部分，亦是公共场所，公民在网络空间可以自由发表言论、表达意见或寻求帮助，但这一切行为均必须遵守法律法规的规定。但本案中，银角大王与百花羞在信息网络空间上所散布的是虚假信息，目的是起哄闹事，引发网络舆情，该行为已造成公共秩序严重混乱及对嫦娥仙子造成严重影响。因此，该行为构成"网络型"寻衅滋事罪。

前事不忘　后事之师

随着现今网络科技的进步，越来越多的公民会在网络上发表言论，他们有的是为了表达见解，有的是为了寻求帮助。公民在网络上发表言论的行为，是被我国法律所允许的，是我国法律赋予公民的一项权利。但有权利必有对等的义务，允许自由发表言论的同时要求必须遵守法律的规定，不能有污蔑、诽谤、恶意中伤、散布谣言等有违社会行为准则的行为。

裁判文书链接

（2020）粤 0111 刑初 3171 号

（撰稿：胡婷婷）

31. 调包网购货物的行为应当如何定性？

黄袍怪因为对唐僧实施了拘禁行为，扰乱了取经事业的进度，被太上老君安排在天庭的御膳房做伙夫。为了能赚够盘缠，尽早回家见到日思夜念的宝象国公主，黄袍怪对一切能赚钱的方法都特别留意。一天，黄袍怪发现快递员对于被退货的快递并不会仔细检查，如此一来，究竟退回的是不是原物，快递员可能并不知情，于是黄袍怪萌生了一个大胆的想法。

黄袍怪在转卖App上注册了会员，拍下了手机一部。黄袍怪来到天庭门卫处收快递时，趁快递员分派快递期间，对快递里面的手机进行了调包，把坏的手机放进了快递盒里，并对快递员说："这手机无法开机，我拒绝签收，你退回去吧。"快递员看了看，也没多想，便把手机包装好放回了快递车上。其后，黄袍怪在转卖App上以货物已坏为由申请了退款，收到退款后黄袍怪便

113

把调包而来的手机以 3000 元的价格卖给了他人。

尝到了甜头的黄袍怪，又故技重施了好几次，均没有被发现，故黄袍怪便越发猖狂，实施的时间间隔越来越短，有时候还会同时实施。黄袍怪的行为终于被快递员发现，快递员一把将黄袍怪控制并喊来天庭守卫，把黄袍怪押到玉帝面前进行审判。

玉帝经审理后认为，被告人黄袍怪以非法占有为目的，多次采用秘密手段调包网购货物，意图窃取他人财物且数额较大，其行为属于"诈术盗窃"，故判决黄袍怪构成盗窃罪。

捷高律师有话说

一、什么是"诈术盗窃"？

"诈术盗窃"是指行为人在盗窃的过程中使用了欺骗手段，但该手段并没有使被害人产生交付财物的认识错误，行为人只是为实施盗窃创造了条件，最后实际上是通过盗窃手段取得财物。

如本案中，黄袍怪在未对手机签收时，手机仍由快递公司的快递员在现场占有和控制，快递员尚未有处分交付手机给黄袍怪的意思及行为。而黄袍怪在此时偷偷将手机进行了调包，而快递员根本没有注意到此调包行为，以为黄袍怪交给自己的仍是原来的手机，快递员对黄袍怪在拒签快递的情况下还拿走手机的行为是一无所知的，根本不存在处分交付仍为其管控的手机的意思和行为，更谈不上存在认识错误。

因此，黄袍怪采用隐瞒事实真相的方法作掩饰，乘机窃取他人财物，当其将坏手机秘密与卖家的手机进行调包时，就已经构成了盗窃罪，应当以盗窃罪论处。

二、盗窃罪与诈骗罪的区别

从性质上来讲,盗窃罪是指以非法占有为目的,秘密窃取他人占有的数额较大的财物,或者多次盗窃、入户盗窃、携带凶器盗窃、扒窃的行为(《刑法》第264条);诈骗罪是指以非法占有为目的,使用欺骗方法,骗取数额较大的公私财物的行为(《刑法》第266条)。

从采取的犯罪手段来讲,盗窃罪和诈骗罪虽然都是以非法占有为目的,占有他人数额较大的财物,但所采取的犯罪手段不同。盗窃罪表现为秘密窃取,犯罪分子采取公私财物所有人、保管人未发觉的手段、方法,将财物据为己有;诈骗罪表现为虚构事实、隐瞒真相,常见的诈骗方法有编造谎言、假冒身份、伪造文书或者证件、涂改单据等,使被害人产生错误认识后主动处分自己的财产。

从被害人是否基于认识错误而处分财产来讲,盗窃罪中,被害人是没有处分财产的意识和行为,是不自愿、不知情的,行为人窃取被害人的财物是违反被害人的意志的;而诈骗罪中,被害人是具有处分意识,其对行为人的诈骗手段信以为真,从而自愿地处分自身的财物,将财物交付给行为人。

前事不忘 后事之师

近年来,随着网络蓬勃发展,兴起很多新的购物方式,催生了许多新型犯罪手段,而在网购过程中,采用以假换真的调包手段获取财物的行为已不罕见。因此,在日常生活中,应对自身的财物多加注意,切勿因一时疏忽而给自己带来财产损失。

裁判文书链接

(2020)闽0583刑初301号

(撰稿:胡婷婷)